カラー版

中学3年間の英文法を10時間で復習する本

稲田 一
Hajime Inada

はじめに

　現在、インターネットの公用語として英語の**「読み書き」**の能力がますます求められています。

　一方、日本人の海外旅行者数や日本へやって来る外国人の数も年々増え続けることで、**「英会話」**の**必要性**もまた増大しています。さらにビジネスの世界では、英語を「社内公用語化」する企業も現れました。

　このような時代、私たちはどうすれば**4つの能力（読む・書く・話す・聞く）**を高めることができるのでしょうか？

　幸いなことに、みなさんは、中学時代から何年間にもわたって英語を学習されてきました。そのようなみなさんが、**これまで蓄積された知識を「使える英語」にまで引き上げるためには、一度「中学英語」を整理し直してみる**ことが最も効率的な方法なのです。

　何といっても**「4つの能力」が自由に使えるようになるための基礎は「中学英語」**にあります。中学英語さえマスターすれば、**真の「国際人」**への第一歩を踏み出すことができるのです。

「英会話は単語を並べれば何とか通じるものだ」

　よくこんな話を耳にします。なるほど簡単な内容であれば、英会話は単語を並べるだけで何とか通じることもあります。しかし、それではいつまでたっても**ブロークン英語から抜け出すことはできません。**

　会話らしい会話、内容のある会話を楽しむためには、やはり英文の仕組み（英文法）の理解が欠かせません。文法を基礎からしっかりやり直し、**正しい**英語が話せるようになっていただきたいと思います。

本書は、**中学英語の英文法を文字通り10時間で総復習してしまおう**という、よくばりな本です。

　英語をすっかり忘れてしまった方でも**図式を使って視覚的に理解**できるように工夫してあるので、**ゼロからやり直せます**。安心して読み進めてください。

　見開きの２ページで１つの項目を説明しているので、通勤・通学時間や仕事・勉強の合間など、ちょっとした時間を有効に使うことができます。各項目は、**レベル別に** HOP STEP JUMP **に分かれているので**、自信のない方は、一番やさしい HOP だけを選んで読みはじめてもいいでしょう。

　本書は、拙著『カラー版　CD付　中学３年間の英語を10時間で復習する本』とあわせて読まれると、効果は倍増します。こちらは、中学英語のエッセンスをライブ講義形式でまとめてあるので、あたかも講義に参加しているかのような臨場感をもって復習することができます。『中学３年間の英語』で中心となる考え方を学び、『中学３年間の英文法』で個々の文法項目を押さえていく。これが、**中学英語を復習する王道**だと自信をもっておすすめします。

　本書で「英文法」をマスターされた方は、さらに拙著『カラー版　CD付　中学３年間の英語で身につける日常会話』を読んでいただければ、無理なく「英会話」も修得できると確信しています。

著　者

Contents

カラー版 中学3年間の英文法を10時間で復習する本

- **1時間目** be動詞 & 一般動詞
- **2時間目** 過去形 & 進行形 & 未来形
- **3時間目** 助動詞 & 命令文 & 付加疑問文
- **4時間目** 名詞 & 代名詞
- **5時間目** 形容詞 & 副詞 & 比較 & 感嘆文
- **6時間目** 疑問詞 & 接続詞 & 間接疑問文
- **7時間目** 受動態 & 前置詞
- **8時間目** 不定詞 & 動名詞
- **9時間目** 現在完了
- **10時間目** 関係代名詞 & 分詞

本書は2000年11月に刊行された『中学3年間の英文法を10時間で復習する本』をオールカラー化した改訂新版です。

1時間目 やり直し英語への第一歩 be 動詞&一般動詞

① 私は会社員です。【be 動詞の肯定文】 10
② 私は学生ではありません。【be 動詞の否定文】 12
③ あなたは日本の出身ですか？【be 動詞の疑問文】 14
④ マイクはあそこの角にいる。【be 動詞の働き】 16
⑤ 日本には多くのお寺がある。【There is[are]～】 18
⑥ 机の上に CD は何枚ありますか？【How many～?/What is～?】 20
One Point Lesson Here is[are]+主語～ 22
One Point Lesson There is[are]～の書きかえ 23
⑦ 私は秘書として働いている。【一般動詞(3人称単数以外)】 24
⑧ 彼女は広い家に住んでいる。【一般動詞(3人称単数)】 26
⑨ 私の姉はこの学校で英語を教えている。【3単現の s のつけ方】 28
One Point Lesson have と has の使い分け 30
Questions & Answers 31

2時間目 過去を学び未来に生かす 過去形&進行形&未来形

⑩ 昨日、私はとても疲れた。【be 動詞の過去形】 34
⑪ 私たちはこの前の日曜日に日光を訪れた。【一般動詞の過去形】 36
⑫ 私は昨日、野球の試合を見た。【規則動詞の ed のつけ方】 38
⑬ 私はノートパソコンを買った。【不規則動詞の変化表】 40
One Point Lesson 現在と過去の見分け方 42
⑭ ルーシーはグラウンドを走っている。【現在進行形と過去進行形】 44
⑮ 彼はソファーに横になっていた。【ing のつけ方】 46
⑯ 明日は晴れるだろう。【未来形の肯定文】 48
⑰ 彼女がふたたび家に戻ることはないだろう。【未来形の否定文・疑問文】 50
⑱ 私は今日の午後、彼女に会うつもりだ。【be going to の使い方】 52
⑲ 踊りましょうか？【Shall I[we]～?／Will you～?】 54
Questions & Answers 56

3時間目 スッキリわかる! 助動詞&命令文&付加疑問文

⑳ 彼は英語を上手に話すことができる。【助動詞の肯定文】　60
㉑ 何をお探しですか？【助動詞の否定文・疑問文】　62
㉒ 私は昨日、彼女に会うことができた。【can[could]=be able to】　64
㉓ 君の選択は間違っているかもしれない。【may[might]】　66
㉔ 私は朝から晩まで働かなければならない。【must=have to】　68
㉕ 君はそんな本を読む必要はない。【must と have to の否定文・疑問文】　70
㉖ 深夜にうるさくしてはいけない。【命令文の基本】　72
One Point Lesson 命令文の書きかえ　74
One Point Lesson 「命令文+, and…」と「命令文+, or…」　75
㉗ あなたは今、ヒマですね。【動詞の付加疑問文】　76
㉘ あなたはスキーができますね。【助動詞の付加疑問文】　78
One Point Lesson 命令文と Let's の付加疑問文　80
One Point Lesson 付加疑問文の答え方　81
Questions & Answers　82

4時間目 陰のキーワード 名詞&代名詞

㉙ 水を1杯、いかがですか？【名詞の種類】　86
㉚ たくさんの赤ん坊や子どもたちがその部屋にいる。【複数形の作り方】　88
㉛ 1時間は60分である。【冠詞 a[an]】　90
One Point Lesson 冠詞 the の使い方　92
㉜ 彼は私を自宅に招いた。【人称代名詞と所有代名詞】　94
㉝ 私は父の時計を壊してしまった。【所有格の使い方】　96
㉞ 誰もがあなたのことを愛している。【目的格の使い方】　98
㉟ 彼は私の親友だ。【所有代名詞の使い方】　100
㊱ 傘をなくしてしまったので新しいのがほしい。【紛らわしい不定代名詞】　102
One Point Lesson it の特別な使い方　104
Questions & Answers　105

5時間目 ビューティフル・サンディ
形容詞＆副詞＆比較＆感嘆文

㊲ 私は何か新しい読み物がほしい。【形容詞の働き】 108
㊳ 昨年はたくさんの外国人が日本を訪れた。【数量を表す形容詞】 110
㊴ 私はいつも忙しい。【副詞の働きと位置】 112
㊵ ディックは流暢に日本語を話す。【紛らわしい副詞】 114
㊶ 知識は自由と同じくらい重要だ。【原級の使い方】 116
㊷ このパズルはあのパズルより簡単だ。【比較級の使い方】 118
㊸ キャシーは彼女たちの中でいちばん魅力的だ。【最上級の使い方】 120
㊹ もっとゆっくりしゃべってください。【比較級・最上級の作り方】 122
㊺ なんて美しい夕焼けだろう！【感嘆文の基本】 124
One Point Lesson 「What～!」と「How～!」の書きかえ 126
Questions & Answers 127

6時間目 ハートを伝える
疑問詞＆接続詞＆間接疑問文

㊻ あなたはどこの出身ですか?【疑問詞ではじまる疑問文】 130
㊼ あなたはいつ私に会いに来るつもりですか？
【When, Where, Who, Whose】 132
㊽ 今、何時ですか？【What, Why, How, Which】 134
㊾ これはいくらですか？【How＋形容詞】 136
㊿ 彼女は日曜日にはジョギングと水泳をする。【等位接続詞】 138
(51) 若い頃、私はニューヨークに住んでいた。【従属接続詞】 140
(52) 目を閉じてくれたら、いいものをあげるよ。【時・条件を表す副詞節】 142
One Point Lesson 接続詞 that と時制の一致 144
(53) 本当に何が起きたのだろうか。【間接疑問文の基本】 146
One Point Lesson 疑問文と間接疑問文の書きかえ 148
Questions & Answers 149

7時間目 使える裏ワザ 受動態＆前置詞

- ㊴ この絵は彼によって描かれた。【受動態の肯定文】 152
- ㊵ 彼のプロポーズは彼女に受け入れられなかった。【受動態の否定文・疑問文】 154
- ㊶ この手紙は彼によって私に送られた。【目的語が2つある場合の受動態】 156
- ㊷ 私は自分自身の人生に満足している。【動詞句と by 以外の前置詞の受動態】 158
- ㊸ 彼は徒歩で通勤している。【前置詞の働き】 160
- ㊹ 公園で会いましょう。【場所を表す前置詞】 162
- ㊺ 元旦に神社に行く。【時を表す前置詞】 164
- ㊻ ロンドン行きの航空券はありますか？【場所・時以外を表す前置詞】 166
- **One Point Lesson** 期間を表す前置詞　168
- **Questions & Answers**　169

8時間目 どこがどう違う？ 不定詞＆動名詞

- ㊼ 踊るのはとても楽しい。【不定詞の働き】 172
- ㊽ 君の手助けがしたい。【名詞と同じ働きをする不定詞】 174
- ㊾ 君に会うためにここに来た。【副詞と同じ働きをする不定詞】 176
- ㊿ 明日までに終えるべき仕事がたくさんある。
  【形容詞と同じ働きをする不定詞】 178
- 66 彼は何を言ったらよいのかわからなかった。【疑問詞＋to＋動詞の原形】 180
- 67 君に手伝ってもらいたい。【動詞＋人＋to＋動詞の原形】 182
- 68 私にはそれを信じることが重要だ。
  【It is＋形容詞＋for[of]＋人＋to＋動詞の原形】 184
- **One Point Lesson** 不定詞の書きかえ　186
- 69 彼女はテレビを見ることが好きだ。【動名詞の働き】 188
- 70 私たちは夕食を楽しんだ。【動名詞と不定詞を目的語にとる動詞】 190
- 71 彼はテニスをすることが好きだ。【不定詞と動名詞の比較】 192
- **One Point Lesson** 動名詞の書きかえ　194
- **Questions & Answers**　195

9時間目 時の過ぎ行くままに　現在完了

- ㋁ 私は1年間ロサンゼルスに住んでいる。【現在完了の肯定文】　198
- ㋂ あなたはこの小説を読んだことがありますか?【現在完了の否定文・疑問文】　200
- ㋃ 彼女は1970年以来、彼に会っていない。【現在完了の継続】　202
- ㋄ 私は何度もオーストラリアに行ったことがある。【現在完了の経験】　204
- ㋅ 彼女はまだあきらめていない。【現在完了の完了】　206
- ㋆ 彼は生まれた町へ帰ってしまった。【現在完了の結果】　208
- ㋇ 私は以前、香港にいたことがある。【現在完了の紛らわしい表現】　210
- **One Point Lesson** 現在完了では使えない語句　212
- **Questions & Answers**　213

10時間目 名詞に意味を加える　関係代名詞&分詞

- ㋈ 赤ワインが好きな女性を知っている。【関係代名詞の種類】　216
- ㋉ これは公園へ行くバスです。【主格の関係代名詞】　218
- ㋊ 母親が有名なピアニストの少女を知っている。【所有格の関係代名詞】　220
- ㋋ 彼女が作ったケーキはおいしかった。【目的格の関係代名詞】　222
- ㋌ これはまさに私がほしかったカメラだ。【関係代名詞 that の特別用法】　224
- ㋍ 彼女は背の高い男性が好きだ。【関係代名詞の格の選び方】　226
- **One Point Lesson** 先行詞につける「a」と「the」の違い　228
- **One Point Lesson** whose の書きかえ　229
- ㋎ あそこに立っている男性は私の夫です。【分詞の種類と働き】　230
- ㋏ これは彼から聞いた実話です。【分詞の使い方】　232
- ㋐ 私は待合室で彼に会った。【現在分詞と動名詞の違い】　234
- ㋑ 私はピアノを弾いている少女を知っている。【現在分詞と過去分詞の選び方】　236
- **Questions & Answers**　238

本文イラスト：横井　智美

1時間目

やり直し英語への第一歩
be動詞＆一般動詞

タイムスリップしましょう！　中学時代に

「英語をイチからやり直したい！」
　そのためには、何といっても動詞からはじめるのが近道です。中学時代に習った「動詞」の1つ1つを整理し直し、それを使える英語に再生させましょう。

HOP

Key Sentence ❶

I **am** an office worker.
私は会社員です。

be 動詞の肯定文

Point 1 ● 動詞の種類

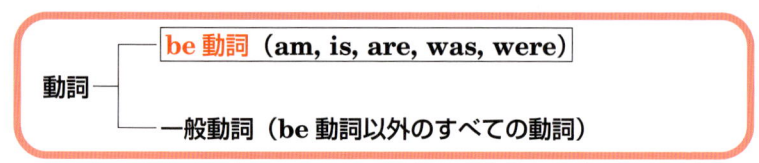

動詞
- **be 動詞**（am, is, are, was, were）
- 一般動詞（be 動詞以外のすべての動詞）

Point 2 ● be 動詞の肯定文

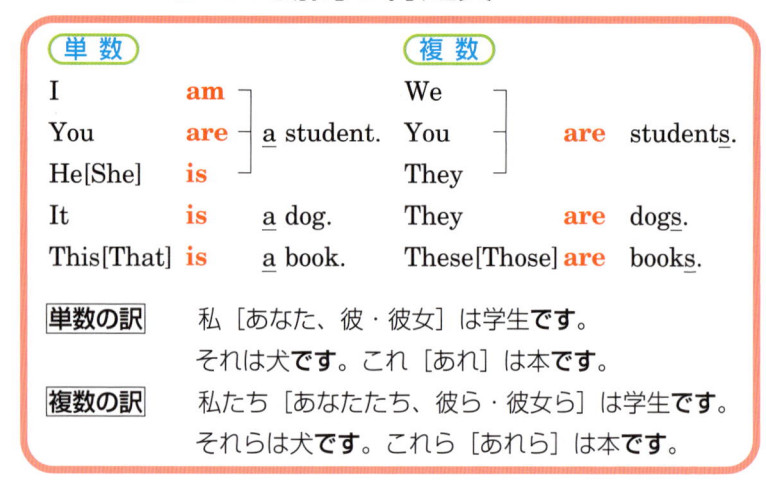

単数
I	**am**	
You	**are**	a student.
He[She]	**is**	
It	**is**	a dog.
This[That]	**is**	a book.

複数
We		
You	**are**	students.
They		
They	**are**	dogs.
These[Those]	**are**	books.

単数の訳 　私［あなた、彼・彼女］は学生**です**。
　　　　　　それは犬**です**。これ［あれ］は本**です**。

複数の訳 　私たち［あなたたち、彼ら・彼女ら］は学生**です**。
　　　　　　それらは犬**です**。これら［あれら］は本**です**。

動詞には、**be 動詞**と**一般動詞**の2種類があります。
一般動詞とは、be 動詞以外のすべての動詞をいいます。

> **一般動詞**
> 例 study（勉強する）go（行く）など

be 動詞の種類は、**現在形と過去形**（34ページ参照）**を合わせて5つだ**けです。
（過去分詞「been」と現在分詞「being」は除く）
英語では「〜です」にあたる be 動詞を
主語の人称と数によって使い分けます。
また、主語が**複数**の場合、「are」の後にくる名詞には
「**s**」がつきます（「student<u>s</u>」「dog<u>s</u>」「book<u>s</u>」）。

ここだけは押さえよう！ you, they の訳し方

you の2つの意味
① あなたは（単数）　　② あなたたちは（複数）
they の3つの意味
① 彼らは　　　　　　② 彼女らは　　　　　③ それらは
※「they」は「he」「she」「it」の複数形。

1時間目

be 動詞 & 一般動詞

HOP

Key Sentence ❷

I'm **not** a college student.
私は学生ではありません。

be 動詞の否定文

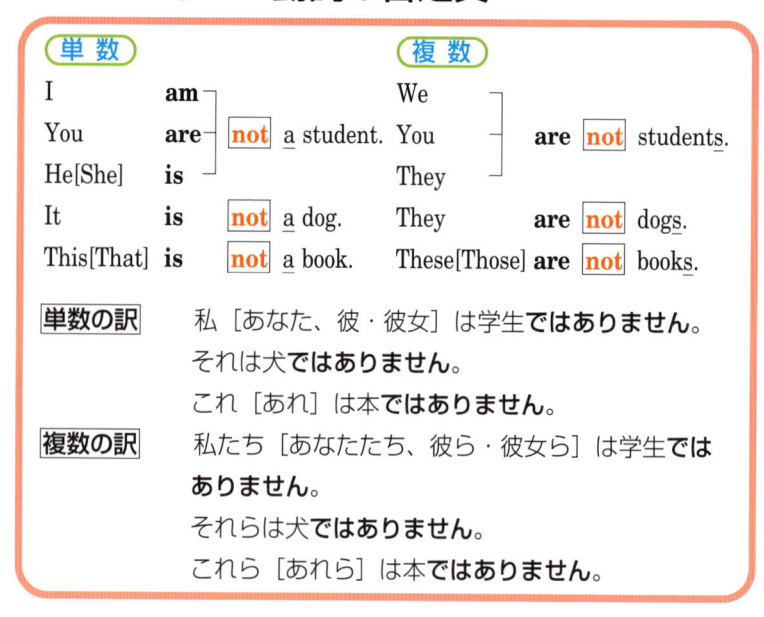

Point 3 ● be 動詞の否定文

単数
I	am		
You	are	not	a student.
He[She]	is		
It	is	not	a dog.
This[That]	is	not	a book.

複数
We		
You	are not	students.
They		
They	are not	dogs.
These[Those]	are not	books.

単数の訳 私［あなた、彼・彼女］は学生ではありません。
それは犬ではありません。
これ［あれ］は本ではありません。

複数の訳 私たち［あなたたち、彼ら・彼女ら］は学生ではありません。
それらは犬ではありません。
これら［あれら］は本ではありません。

再確認しよう！ be 動詞の否定文の作り方

be 動詞の後に not を入れるだけ

(肯定文) He **is** a student.（彼は学生**です**）

(否定文) He **is** not a student.（彼は学生**ではありません**）
　　　　　　(isn't)

ここだけは押さえよう！ be 動詞を含む短縮形

be 動詞＋not

例
- is not ⇒ isn't
- are not ⇒ aren't
- was not ⇒ wasn't
- were not ⇒ weren't

主語（代名詞）＋be 動詞

例
- I am ⇒ I'm
- you are ⇒ you're
- he is ⇒ he's
- she is ⇒ she's
- it is ⇒ it's
- we are ⇒ we're
- they are ⇒ they're
- that is ⇒ that's

※「this is」の短縮形はない。

HOP

Key Sentence ❸

Are you from Japan?
あなたは日本の出身ですか？

be 動詞の疑問文

Point 4 ● be 動詞の疑問文と答え方

単数
① **Am** I ┐
② **Are** you ├ a student?
③ **Is** he[she] ┘
④ **Is** it　　 a dog?
⑤ **Is** this[that] a book?

複数
⑥ **Are** we ┐
⑦ **Are** you ├ students?
⑧ **Are** they ┘
⑨ **Are** they　　 dogs?
⑩ **Are** these[those] books?

質問に対する答え方

① Yes, you **are**.
　 No, you **aren't**.
② Yes, I **am**.
　 No, I**'m not**.
③ Yes, he[she] **is**.
　 No, he[she] **isn't**.
④⑤ Yes, it **is**.
　　 No, it **isn't**.

⑥ Yes, you **are**.
　 No, you **aren't**.
⑦ Yes, we **are**.
　 No, we **aren't**.
⑧ Yes, they **are**.
　 No, they **aren't**.
⑨⑩ Yes, they **are**.
　　 No, they **aren't**.

単数の訳	私［あなた、彼・彼女］は学生ですか？
	それは犬ですか？
	これ［あれ］は本ですか？
複数の訳	私たち［あなたたち、彼ら・彼女ら］は学生ですか？
	それらは犬ですか？
	これら［あれら］は本ですか？
答え方の訳	はい、そうです。
	いいえ、ちがいます。

※実際には、①のように「私は〜ですか？」と聞くことはほとんどない。

再確認しよう! be動詞の疑問文の作り方

be動詞を文頭に出して主語とbe動詞の語順を逆にする

(肯定文) He is a student . (彼は学生です)

(疑問文) Is he a student ? (彼は学生ですか？)

be動詞＆一般動詞　15

HOP

Key Sentence ❹

Mike **is** at that corner.
マイクはあそこの角にいる。

be 動詞の働き

Point 5 ● be 動詞の働き

① **主語＋be 動詞＋名詞：〜です（主語 ＝ 名詞）**
  例 I **am** a student.（私は学生**です**）
  　 I ＝ a student（私 ＝ 学生）

② **主語＋be 動詞＋形容詞：〜です**
  （形容詞が主語の性質・状態を説明する）
  例 She **is** happy.（彼女は幸せ**です**）
  　 She ⇒ happy（彼女 ⇒ 幸せな状態）
  ×She is happiness.（彼女 ≠ 幸せという抽象的なもの）

③ **主語＋be 動詞＋場所を表す語句：（〜に）いる［ある］（存在）**
  例 She **is** at home now.（彼女は今、家に**いる**）
  例 My book **is** on the desk.（私の本が机の上に**ある**）

①のように be 動詞の後に名詞が続く場合は、
前後の単語が「＝（イコール）」で結ばれる関係になります。
②のように be 動詞の後に形容詞が続く場合は、
形容詞が主語の性質や状態を説明する関係になります。

②の「happy（形容詞）」の位置に「happiness（名詞）」を
入れることはできません。
名詞が続く場合は「＝」の関係になるので、
「**彼女＝幸せという抽象的なもの**」になって、
彼女は人間ではなくなってしまうからです。

Column

▶「すばらしい」国では罰金を取られる!?

緑に包まれた国、シンガポール。治安がよいうえ、道路にはゴミ１つ落ちていません。また、"買い物天国"のイメージから、観光客の間では「**すばらしい国（fine country）**」として人気があります。

しかしこの国は、**もう１つの「fine country」**としても有名です。それは、道に紙くずを捨ててもつばを吐いても、すぐに罰金を取られることです。「fine」という語には「**罰金（を科する）**」という意味もあるのです。

HOP

Key Sentence ❺

There are a lot of temples in Japan.
日本には多くのお寺がある。

There is [are] 〜

Point 6 ●「There is[are] 〜」の肯定・否定・疑問文

肯定文 There is[are] ＋主語＋場所を表す語句：
（場所）に（主語）がいる［ある］

例 **There is** a book **on** the desk.（机の上に本**がある**）

例 **There are** some cats **under** the table.
（テーブルの下に数匹のネコ**がいる**）

否定文 There is[are] not＋主語＋場所を表す語句：
〜に…がいない［ない］

例 **There isn't** a book **on** the desk.（机の上には本**がない**）

疑問文 Is[Are] there＋主語＋場所を表す語句？：
〜に…がいますか［ありますか］？

例 **Is there** a book on the desk?
（机の上に本**がありますか？**）
Yes, **there is**.（はい、**あります**）
No, **there isn't**.（いいえ、**ありません**）

「There is [are] 〜．(ある場所に〜がいる［ある］)」の文では、
Thereは主語ではなく、**be動詞の後に主語がくる**ので注意しましょう。
主語が**単数**の場合は「**is**」、**複数**の場合は「**are**」になります。

この形で使われる「There」は「そこに」と訳さないので、
「そこに〜がいる［ある］」といいたいときは、
「There is a book **there**．(そこに本がある)」のように
文末にも「there（副詞）」を入れる必要があります。

また、「There is [are] 〜．」の文の主語には、
「a」「an」「some」などがつく不特定のものがきます。
「my dog」「the dog」などの特定のものを主語にしたい場合は、
次の2つ目の形で表現します（16ページ **Point 5**③参照）。

ここだけは押さえよう！ 「There is[are] 〜」の使い分け

不特定のものが主語 ⇒ There is[are] ＋主語＋場所を表す語句．
例 There is **a** dog under the tree.（木の下に犬**がいる**）
 ×There is my[the] dog under the tree.

特定のものが主語 ⇒ 主語＋is[are] ＋場所を表す語句．
例 **My** dog **is** under the tree.（**私の**犬は木の下に**いる**）
例 **Mary is** in the park.（**メアリー**は公園に**いる**）

be動詞＆一般動詞 19

HOP

Key Sentence ❻

How many CDs are there on the desk?
机の上に CD は何枚ありますか？

How many〜?/What is〜?

Point 7 ● 存在をたずねる疑問文と答え方

① **How many＋複数名詞＋are there＋場所を表す語句？**：
（場所）に（主語）が何人います［いくつあります］か？
There are＋数詞（＋名詞＋場所）.：
〜人います［〜個あります］
 例 **How many** trees **are there** in the garden?
（庭には木が**何本ありますか？**）
There are five(trees in the garden).（5本あります）

② **What is＋場所を表す語句？**：
（場所）に何がいますか［あります］か？
There is [are]＋名詞（＋場所）.：
〜がいます［あります］
 例 **What is** on the table?
（テーブルの上に**何がありますか？**）
There is an apple(on the table).（リンゴがあります）

①の「**How many~?**」は数をたずねる疑問詞なので、
答えは「**There are＋数詞（数字のこと）**」になります。
「1人［1つ］」と答える場合は「**There is one.**」といいます。

②の「**What is~?**」は「What is there~?」の「there」が
省略された形なので、「**There is[are] ~.**」で答えます。
複数の答えが予想される場合でも「What is~?」でたずねます。

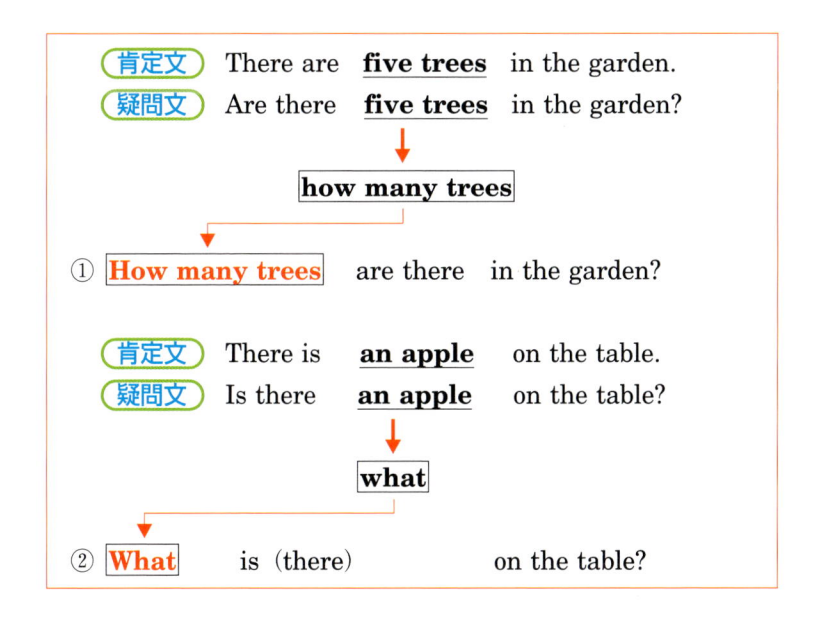

肯定文　　There are　**five trees**　in the garden.
疑問文　　Are there　**five trees**　in the garden?
　　　　　　　　　　　↓
　　　　　　　how many trees
　　　　　　　　↓
① **How many trees**　are there　in the garden?

肯定文　　There is　**an apple**　on the table.
疑問文　　Is there　**an apple**　on the table?
　　　　　　　　　　↓
　　　　　　　what
　　　　↓
② **What**　is（there）　　on the table?

---

be動詞＆一般動詞

One Point Lesson

Here is[are] ＋主語〜

「There is [are] 〜」とよく似た表現に、

「**Here is[are] 〜（ここに〜がいる［ある］）**」があります。

この表現には「ここに」という場所が含まれているので、

場所を表す語句はつきません。

また、この表現には**否定文や疑問文はありません。**

Point 8 ● Here is[are] 〜

Here is[are] ＋主語：ここに〜がいる［ある］
- 例 **Here is** a bag.（**ここにカバンがある**）
- 例 **Here is** my cat.（**ここに私のネコがいる**）
- 例 **Here are** some flowers.（**ここに何本かの花がある**）

※「Here is[are] 〜」は、**不特定のもの**（「a bag」「some flowers」）と**特定のもの**（「my cat」）の**どちらでも使える。**

One Point Lesson: There is[are] 〜の書きかえ

「There is [are] 〜」の文は、
「have[has]」を使って書きかえることができます。

---

① **There are** seven days **in a week**.
= **A week has** seven days.
　（1週間には7日ある）

② **There are** twelve months **in a year**.
= **A year has** twelve months.
　（1年は12カ月ある）

③ **There are** five rooms **in my house**.
= **My house has** five rooms.
　（私の家には部屋が5つある）

④ **There is** a big library **in our town**.
= **Our town has** a big library.
= **We have** a big library **in our town**.
　（私たちの町には大きな図書館がある）

1時間目

be動詞＆一般動詞

HOP

Key Sentence ❼

I **work** as a secretary.
私は秘書として働いている。

一般動詞（3人称単数以外）

Point 9 ● 一般動詞（3人称単数以外）の肯定・否定・疑問文

	単 数	複 数
1人称	I（私は）	we（私たちは）
2人称	you（あなたは）	you（あなたたちは）
3人称	⇒26ページ参照	they（彼らは、彼女らは）

肯定文 I [You, We, They] **play** tennis.
（私［あなた、私たち、彼ら］はテニス**をする**）

否定文 I [You, We, They] **don't play** tennis.
（私［あなた、私たち、彼ら］はテニス**をしない**）

疑問文 **Do** you [I, we, they] **play** tennis?
（あなた［私、私たち、彼ら］はテニス**をしますか？**）
Yes, I [we, you, they] **do**. （はい、**します**）
No, I [we, you, they] **don't**. （いいえ、**しません**）

主語が「I」「you」「we」「they」「複数名詞」の場合、
一般動詞はすべて同じ形で変化します。

再確認しよう! 3人称単数以外の否定文と疑問文の作り方

- 否定文：肯定文の一般動詞の直前に **don't** を置く
- 疑問文：肯定文の文頭に **Do** を置く

肯定文		I		study	English.
否定文		I	don't	study	English.
疑問文	Do	I		study	English?

また、次にあげる人称の例は紛らわしいので注意しましょう。

ここだけは押さえよう! 紛らわしい人称

① **you and I** ⇒ we（私たち） ［1人称複数］
② **you and Mary** ⇒ you（あなたたち）［2人称複数］
③ **Tom and Bill** ⇒ they（彼ら） ［3人称複数］

なお、人称については、94ページで詳しく説明しているので
そちらを参照してください。

HOP

Key Sentence ❽

She **lives** in a large house.
彼女は広い家に住んでいる。

一般動詞（3人称単数）

Point 10 ● 一般動詞（3人称単数）の肯定・否定・疑問文

3人称単数	**he**（彼は）	**Dick** （ディックは）	**my father** （私の父は）
	she（彼女は）	**Lucy** （ルーシーは）	**your mother** （あなたのお母さんは）
	it（それは）	**your watch** （あなたの時計は）	**my cat** （私のネコは）

肯定文 He[She] **plays** tennis.
（彼［彼女］はテニス**をする**）

否定文 He[She] **doesn't play** tennis.
（彼［彼女］はテニス**をしない**）

疑問文 **Does** he[she] **play** tennis?
（彼［彼女］はテニス**をしますか？**）
Yes, he[she] **does**.（はい、**します**）
No, he[she] **doesn't**.（いいえ、**しません**）

一般動詞に「s[es]」をつけるのは、
次の4つの条件を同時に満たすときです。

ここだけは押さえよう！ 一般動詞に「s[es]」をつける場合

① 主語が3人称
② 主語が単数
③ 文が現在のことを述べている → 3単現の「s」
④ 肯定文（普通の文）

3単現の否定文・疑問文では、
「doesn't」「Does」がつく代わりに動詞の「s[es]」はつきません。
次のように考えると、間違いも少なくなるはずです。

再確認しよう！ 3人称単数の否定文と疑問文の作り方

肯定文　　　Tom　　　　　　run s　fast.
否定文　　　Tom　doe s n't　run　fast.
疑問文　Doe s　Tom　　　　　run　fast?

※否定文・疑問文の動詞には「s[es]」をつけない。
　×Tom doesn't runs fast.
　×Does Tom runs fast?

be動詞＆一般動詞　27

HOP

Key Sentence ❾

My sister **teaches** English at this school.
私の姉はこの学校で英語を教えている。

3単現のsのつけ方

Point 11 ● 3単現の「s[es]」のつけ方

①「動詞」の語尾＋s
- 例 run（走る） ⇒ **runs**

②「o」「s」「ch」「sh」の語尾＋es
- 例 go（行く） ⇒ **goes**
- 例 pass（通る） ⇒ **passes**
- 例 teach（教える） ⇒ **teaches**
- 例 wash（洗う） ⇒ **washes**

③「子音字＋y」の語尾 ⇒「y」を「i」にかえて＋es
- 例 study（勉強する）⇒ **studies**

ただし、「母音字＋y」の語尾＋s
- 例 play（〜する） ⇒ **plays**

※母音字とは、「a（ア）」「i（イ）」「u（ウ）」「e（エ）」「o（オ）」のこと。

もう1つ、3人称単数で間違いやすいポイントは、
「**My（私の）～**」「**Your（あなたの）～**」ではじまる文です。
「My」「Your」につられて「1人称」「2人称」と
勘違いしてしまう人が多いのです。
「…の～」という形を見たら、**すぐ後の名詞を**
「he」「she」「it」「they」に置きかえてチェックしてみましょう。

---

① my father　　⇒ father　　（男性）⇒ he　　[3人称単数]
② your mother　⇒ mother　　（女性）⇒ she　[3人称単数]
③ our school　　⇒ school　　（建物）⇒ it　　[3人称単数]
④ my friends　　⇒ friends　　（複数）⇒ they　[3人称複数]

Column

▶「アイビーリーグ」とは？

「the Ivy League」とは、以下の**アメリカ東部の名門私立8大学**を指します。この名称の由来は、これらの大学の構内にツタ（ivy）でおおわれた古い校舎があるためです。

① ブラウン大学（Brown）　　② コロンビア大学（Columbia）
③ コーネル大学（Cornell）　　④ ダートマス大学（Dartmouth）
⑤ ハーバード大学（Harvard）　⑥ プリンストン大学（Princeton）
⑦ ペンシルベニア大学（Pennsylvania）　⑧ エール大学（Yale）

One Point Lesson haveとhasの使い分け

「**have（持っている）**」は、主語が**3単現**のとき「**has**」になります。これは、**一般動詞**に「**s [es]**」をつける**条件**とまったく同じです。「have」の「ve」が取れた後に「s」がついて「has」になったと考えれば理解しやすいと思います。

Point 12 ● 「have」と「has」の使い分け

3人称単数以外
- 肯定文　　　I　　　　　　**have** a book.
- 否定文　　　I　**don't**　**have** a book.
- 疑問文　**Do** you　　　　**have** a book?

3人称単数
- 肯定文　　　He　　　　　**has**　a book.
- 否定文　　　He **doesn't have** a book.
- 疑問文　**Does** he　　　**have** a book?

※否定文・疑問文で「does」を使うと「has」は「have」に戻る。

Questions & Answers

Q1：次の①〜③は疑問文に、④〜⑥は否定文に書きかえましょう。

① He is her boyfriend.（彼は彼女のボーイフレンドです）
② He studies English every day.（彼は毎日英語を勉強する）
③ Mary has a dictionary.（メアリーは辞書を持っている）
④ It is his bicycle.（それは彼の自転車です）
⑤ I am your uncle.（私はあなたのおじです）
⑥ My father likes baseball.（私の父は野球が好きだ）

Q2：次の日本文を英文に直してみましょう。

① 公園には5人の子供がいる。
② ここに2冊の本がある。
③ その少女は台所にいる。

Q3：次の文の誤りを直してみましょう。

① Lucy isn't speak Japanese.（ルーシーは日本語を話さない）
② Tom and Bill gets up at six.（トムとビルは6時に起きる）
③ Does he reads this book?（彼はこの本を読みますか？）
④ My father don't play golf.（私の父はゴルフをしない）

be動詞＆一般動詞

A1：

① **Is he her boyfriend?**

② **Does he study English every day?**

③ **Does Mary have a dictionary?**

④ **It is not [isn't] his bicycle.**

⑤ **I am [I'm] not your uncle.**

⑥ **My father doesn't like baseball.**

A2：

① **There are five children in the park.**

② **Here are two books.**

③ **The girl is in the kitchen.**

「The girl」は特定の人なので「There is〜.」は使えない。

A3：

① **isn't → doesn't**

② **gets → get**

③ **reads → read**

④ **don't → doesn't**

2時間目

過去を学び未来に生かす
過去形＆進行形＆未来形

今、そこにある「明るい未来」

　英語に対する過去の苦手意識は忘れ去り、明るい未来に飛び込んでみましょう。未来を映す鏡の中には、あなたのどんな笑顔があるのでしょう…。

HOP

Key Sentence ❿

I **was** very tired yesterday.
昨日、私はとても疲れた。

be 動詞の過去形

Point 13 ● be 動詞の過去形

現在形（〜です）	過去形（〜だった）
am, is	was
are	were

肯定文　I[He, She, It] **was** 〜.
　　　　　You[We, They] **were** 〜.

否定文　I[He, She, It] **was not (wasn't)** 〜.
　　　　　You[We, They] **were not (weren't)** 〜.

疑問文　**Was** I[he, she, it] 〜?
　　　　　Were you[we, they] 〜?
　　　　　Yes, 主語+ **was[were]**.
　　　　　No, 主語+ **wasn't[weren't]**.

「**be 動詞**」の過去形は「**was**」と「**were**」の 2 つだけです。

現在形の使い方さえ理解しておけば、

「**am**」「**is**」を「**was**」に

「**are**」を「**were**」にかえるだけで OK です。

再確認しよう! ▶ be 動詞のまとめ

肯定文		否定文		疑問文	
現在	過去	現在	過去	現在	過去
I am	I was	I'm not	I wasn't	Am I ~?	Was I ~?
You are We are They are	You were We were They were	You aren't We aren't They aren't	You weren't We weren't They weren't	Are you~? Are we~? Are they~?	Were you~? Were we~? Were they~?
He is She is It is	He was She was It was	He isn't She isn't It isn't	He wasn't She wasn't It wasn't	Is he ~? Is she ~? Is it ~?	Was he ~? Was she ~? Was it ~?

過去形 & 進行形 & 未来形

HOP

Key Sentence ⓫

We **visited** Nikko last Sunday.
私たちはこの前の日曜日に日光を**訪れた**。

一般動詞の過去形

Point 14 ● 一般動詞の過去形

	現在形（〜する）	過去形（〜した）
規則動詞	play（〜をする）	played（〜をした）
不規則動詞	go（行く）	went（行った）

規則動詞

- 肯定文　　I　　　　　　　　　　　**played** tennis.
- 否定文　　I　**did not[didn't]** play　tennis.
- 疑問文　　**Did** you　　　　　　　play　tennis?
　　　　　Yes, I **did**. / No, I **didn't**.

不規則動詞

- 肯定文　　He　　　　　　　　　　**went** there.
- 否定文　　He　**did not[didn't]** go　there.
- 疑問文　　**Did** he　　　　　　　**go** there?
　　　　　Yes, he **did**. / No, he **didn't**.

現在形では、主語によって「**don't**」「**doesn't**」（否定文）、
「**Do**」「**Does**」（疑問文）を使い分けますが、
過去形では、主語が何であっても常に
「**didn't**」（否定文）と「**Did**」（疑問文）を使います。
また、否定文・疑問文では動詞は必ず原形に戻します。

再確認しよう! 一般動詞のまとめ

肯定文
- 例 I **play** tennis.［現在（3人称単数以外）］
- He **play s** tennis.［現在（3人称単数）］
- I[He] **play ed** tennis.［過去］

否定文
- 例 I **don't** play tennis.［現在（3人称単数以外）］
- He **doesn't** play tennis.［現在（3人称単数）］
- I[He] **didn't** play tennis.［過去］

疑問文
- 例 **Do** you play tennis?［現在（3人称単数以外）］
- **Does** he play tennis?［現在（3人称単数）］
- **Did** you[he] play tennis?［過去］

HOP

Key Sentence ⓬

I **watched** a baseball game yesterday.
私は昨日、野球の試合を見た。

規則動詞の ed のつけ方

Point 15 ● 規則動詞の過去形 ed のつけ方

① 「動詞」の語尾＋ed
   - 例　talk（話す）⇒ **talked**（話した）

② 「e」の語尾＋d
   - 例　like（好む）⇒ **liked**（好んだ）

③ 「短母音＋子音字」の語尾⇒ 子音字を重ねて＋ed
   - 例　　stop（止める）　⇒ **stopped**（止めた）
   - 例外　cook（料理する）⇒ **cooked**（料理した）
   - 例外　look（見る）　　⇒ **looked**（見た）
   - 例外　visit（訪問する）⇒ **visited**（訪問した）

④ 「子音字＋y」の語尾⇒ 「y」を「i」にかえて＋ed
   - 例　study（勉強する）⇒ **stud**ied（勉強した）

⑤ 「母音字＋y」の語尾＋ed
   - 例　play（～をする）　⇒ **play**ed（～をした）

③の**短母音**とは、ただの「ア」「イ」「ウ」「エ」「オ」のことで母音を伸ばす**長母音**（「アー」「イー」「ウー」「オー」）や母音を重ねる**二重母音**（「アイ」「オウ」など）ではない母音です。

③には2種類の例外（「**ed**」をつけるだけ）があります。

> 短母音のつづりが「oo」の場合
> 例 cook, look ⇒ **cooked**, **looked**
>
> 2音節以上の語でアクセントが前の音節にある場合
> 例 vis・it ⇒ **visited**
>
> ※辞書などで「・」を境に2つに分かれているのが2音節語。
> **音節**とは**前後に多少とも切れ目が感じられる発音上の単位**。

Column

▶「must」の意外な意味とは？

「must」は中学で習う代表的な助動詞の1つですが、この語に**「絶対必要なもの」**という**名詞の意味**があることはあまり知られていません。

次のような使い方をするので、参考にしてください。

> 例 This book is **a must** for a beginner.
> （この本は初心者には**絶対必要**だ）
>
> 例 Nikko is one of the "**musts**" for tourists.
> （日光は観光客に**ぜひ訪れてほしい場所**の1つだ）

過去形＆進行形＆未来形

HOP

Key Sentence ⓭

I **bought** a notebook computer.
私はノートパソコンを買った。

不規則動詞の変化表

Point 16 ● 不規則動詞の変化表

① A－A－A型（無変化）

原形	過去形	過去分詞形	意味
cut	cut	cut	切る
read（リード）	read（レッド）	read（レッド）	読む

② A－B－A型（原形＝過去分詞形）

come	came	come	来る
run	ran	run	走る

③ A－B－B型（過去形＝過去分詞形）

(1) d－t－t

build	built	built	建てる
send	sent	sent	送る

(2) ay－aid－aid

pay	paid	paid	支払う
say	said	said	言う

(3) ell－old－old

sell	sold	sold	売る
tell	told	told	話す

(4) ○－aught[ought]－aught[ought]

teach	taught	taught	教える
buy	bought	bought	買う

(5) ○−e−e

hold	**held**	**held**	つかむ
meet	**met**	**met**	会う

(6) ○−e・t−e・t

keep	**kept**	**kept**	保つ
leave	**left**	**left**	去る

(7) その他

have	**had**	**had**	持っている
make	**made**	**made**	作る

④ A−B−C型（原形、過去形、過去分詞形がすべて違う）

(1) i−a−u

begin	**began**	**begun**	はじめる
drink	**drank**	**drunk**	飲む

(2) e−o−o・n

get	**got**	**got[gotten]**	得る
forget	**forgot**	**forgotten**	忘れる

(3) i−o−i・n

drive	**drove**	**driven**	運転する
write	**wrote**	**written**	書く

(4) ○−o−o・n

break	**broke**	**broken**	壊す
speak	**spoke**	**spoken**	話す

(5) ○−ew−own

fly	**flew**	**flown**	飛ぶ
know	**knew**	**known**	知っている

(6) ○−□−○・n

see	**saw**	**seen**	見る
take	**took**	**taken**	取る

(7) その他

be	am, is	**was**	**been**	〜です
	are	**were**		
do		**did**	**done**	する
go		**went**	**gone**	行く

過去形＆進行形＆未来形

One Point Lesson　現在と過去の見分け方

「read」「put」のような**現在形と過去形が同じ動詞**の場合、
「**3単現のs**」や「**過去を表す語句**」を探します。

> 例　She **read** an interesting story.［過去］
> （彼女は面白い物語を**読んだ**）
> ※**主語が「3人称単数」なのに「s」がない**ので過去時制。
>
> 例　I **put** the book on the desk **yesterday**.［過去］
> （私は**昨日**、本を机の上に**置いた**）
> ※**過去を表す「yesterday」**がある。

Point 17 ● 過去形とともに使われる語句

① **last～**　例　**last week**（先週）**last month**（先月）
　　　　　　　　　last night（昨夜）**last year**（昨年）
② **～ago**　例　**three weeks ago**（3週間前に）
　　　　　　　　　many years ago（何年も前に）
③ **その他**　例　**yesterday**（昨日）**this morning**（今朝）
　　　　　　　　　then（その時）**the other day**（先日）

▶「卵料理」いろいろ

卵料理は英米人の朝食に欠かせないため、その料理の仕方は多彩です。ただし、日本人のように**生卵（a raw egg）**を食べる習慣はありません。

---

bacon and eggs（ベーコンエッグ）　ham and eggs（ハムエッグ）
a hard-boiled egg（かたゆで卵）　　a soft-boiled egg（半熟卵）
a poached egg（落とし卵）　　　　　scrambled eggs（いり卵）

また、レストランでは「How do you like your eggs?（卵はどのように料理しますか？）」と聞かれるので、**目玉焼き（a fried egg）**を注文するときには、次のように答えましょう。

Sunny-side up, please.
（**片面焼き**をお願いします）
Two eggs over easy [hard], please.
（**卵2個のやわらかい［かたい］両面焼き**をお願いします）

HOP

Key Sentence ⓮

Lucy **is running** on the playground.
ルーシーは**グラウンドを走っている**。

現在進行形と過去進行形

Point 18 ● 進行形（be 動詞＋〜ing）の肯定・否定・疑問文

現在進行形：**am, is, are＋〜ing**
　〜している、〜しているところだ

- 肯定文　　I **am**　　　　**walking**.（歩いている）
- 否定文　　I **am** not **walking**.（歩いていない）
- 疑問文　　Are you　　　**walking**?（歩いていますか？）
　　　　　Yes, I am.　　（はい、そうです）
　　　　　No, I'm not.　（いいえ、ちがいます）

過去進行形：**was, were＋〜ing**
　〜していた、〜しているところだった

- 肯定文　　He **was**　　　**playing** baseball.
　　　　　　　　　　　　　（野球をしていた）
- 否定文　　He **was** not **playing** baseball.
　　　　　　　　　　　　　（していなかった）
- 疑問文　　Was he　　　　**playing** baseball?
　　　　　　　　　　　　　（していましたか？）
　　　　　Yes, he was.　　（はい、そうです）
　　　　　No, he wasn't.　（いいえ、ちがいます）

現在進行形は「現在における進行中の動作」を表し、
過去進行形は「過去のある時点における進行中の動作」を表します。
つまり、過去進行形は、現在進行形の時の基点を
過去に移して考えるだけでいいのです。

進行形で使う **be 動詞**は、ふつうの be 動詞の文と同じように
主語の種類と時制（現在・過去）に応じて
「**am**」「**is**」「**are**」「**was**」「**were**」を使い分けます（35ページ参照）。

また、進行形は「進行中の動作」を表すので、
「状態を表す動詞」はふつう進行形にしません。

ここだけは押さえよう！ 進行形にしない動詞

① 〇 I **have** a car.（私は車を**持っている**）　　　［状態］
　 × I am having a car.
　 ※ただし、「have」が「**食べる**」という意味のときは進行形にできる。
　 I **am having** lunch.（私は昼食を**食べている**）［動作］

② 〇 I **know** her.（私は彼女を**知っている**）　　　［状態］
　 × I am knowing her.

③ 〇 I **like** her.（私は彼女が**好きである**）　　　［状態］
　 × I am liking her.

過去形＆進行形＆未来形　45

HOP

Key Sentence ⓫

He **was lying** on the sofa.
彼はソファーに横になっていた。

ing のつけ方

Point 19 ● ing のつけ方

① 「動詞」の語尾＋ing
  - 例　speak（話す）　⇒ **speaking**

② 「e」の語尾⇒「e」を取って＋ing
  - 例　write（書く）　⇒ **writing**
  - 例外　see（見える）　⇒ **seeing**（「e」を取らない）

③ 「短母音＋子音字」の語尾⇒子音字を重ねて＋ing
  - 例　run（走る）　⇒ **running**
  - 例外　cook（料理する）⇒ **cooking**
  - 　　look（見る）　⇒ **looking**
  - 　　visit（訪問する）⇒ **visiting**

④ 「ie」の語尾⇒「ie」を「y」にかえて＋ing
  - 例　lie（横になる）⇒ **lying**
  - 例　die（死ぬ）　⇒ **dying**
  - 例　tie（結ぶ）　⇒ **tying**

「ing」形のつけ方は、規則動詞の「ed」のつけ方とよく似ています。
両方を比較しながら押さえておきましょう（38ページ参照）。

**「go」「arrive」などの「往来・発着」を意味する動詞は、
進行形で「近い未来」を表すことができます。**
その場合は、原則として**未来を表す語句**を伴います。

ここだけは押さえよう！ 未来を表す進行形

① I **am going** to the concert **tomorrow**.
　（私は**明日**音楽会に**行く**）

② She **is coming** to Japan **next week**.
　（彼女は**来週**日本に**来る**）

③ We **are leaving** for Paris **next Sunday**.
　（私たちは**今度の日曜日**にパリへ向けて**出発する**）

④ I **am starting** **in half an hour**.
　（私は**30分後に出発する**）

⑤ He **is arriving** **soon**.
　（彼は**もうすぐ到着する**）

2時間目

過去形＆進行形＆未来形

STEP

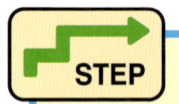

Key Sentence ⓰

It will be fine tomorrow.
明日は晴れるだろう。

未来形の肯定文

Point 20 ● 未来形（主語＋will＋動詞の原形）の肯定文

単純未来：（単なる未来）〜するだろう
例 It **will** rain tomorrow.（明日は雨が降る**だろう**）

意志未来：（話し手・主語の意志）〜するつもりだ
例 I **will** play tennis next week.
（私は来週テニスを**するつもりだ**）

① 「will」は動詞の前にくる
× I swim will 〜　⇒ ○ **I will swim** 〜

② 主語が3人称単数でも、「will」や「動詞」には「s」がつかない
× He wills 〜　　⇒ ○ **He will** 〜
× He will swims 〜 ⇒ ○ **He will swim** 〜

「現在形」と「過去形」が動詞の語形変化で区別されるのとは違って、「未来形」は主語が何であっても「**will**」を使うのが基本です。

現在形	I	**play ~.**	He	**plays ~.**
過去形	I	**played ~.**	He	**played ~.**
未来形	I will	**play ~.**	He will	**play ~.**

「**will**」の後には「動詞の原形」が続くので、
「am」「is」「are」を使った文の未来形は「**will be**」になります。
その際、「be」を忘れることが多いので注意が必要です。

現在形　I **am** twenty years old now.（私は今20歳です）

未来形　I will be twenty years old next month.
　　　　（私は来月で20歳になります）

ここだけは押さえよう！ will を使った短縮形

例
- I will ⇒ I'll
- You will ⇒ You'll
- He will ⇒ He'll
- She will ⇒ She'll
- We will ⇒ We'll
- They will ⇒ They'll
- It will ⇒ It'll

過去形＆進行形＆未来形

STEP

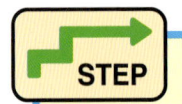

Key Sentence ⓱

She will not come home again.
彼女がふたたび家に戻ることはないだろう。

未来形の否定文・疑問文

Point 21 ● 未来形の否定文・疑問文

否定文の作り方：「will」の後に「not」を入れるだけ

肯定文　I will　　　 go abroad.（外国へ行くつもりです）

否定文　I will not go abroad.（外国へ行かないつもりです）

疑問文の作り方：「will」を文頭に出す
　　　　　　　　（主語と助動詞の語順を逆にする）

肯定文　He will go abroad．（外国へ行くだろう）

疑問文　Will he go abroad？（外国へ行きますか？）
Yes, he **will**.（はい、行くでしょう）
No, he **won't**.（いいえ、行か**ない**でしょう）
※「won't」は「will not」の短縮形。

50

「will」を使った文は、「be 動詞」とまったく同じ方法で「否定文」「疑問文」を作ることができます。

---

be 動詞の場合

- 肯定文　He is a student.（彼は学生です）
- 否定文　He is **not[isn't]** a student.（学生ではありません）
- 疑問文　**Is** he a student?（学生ですか？）

will の場合

- 肯定文　She will come here.（彼女はここに来るだろう）
- 否定文　She will **not[won't]** come here.
  （ここに来ないだろう）
- 疑問文　**Will** she come here?（ここに来ますか？）

Point 22 ● 未来形とともに使われる語句

① **tomorrow**　例　**tomorrow**（明日）
　　　　　　　　　　tomorrow morning（明日の朝）
② **next ~**　例　**next week**（来週）**next month**（来月）
　　　　　　　　　next year（来年）
③ **this ~**　例　**this week**（今週）**this month**（今月）
　　　　　　　　　this year（今年）
　　　　　　　　　this afternoon（今日の午後）
④ その他　例　**some day**（いつか）

STEP

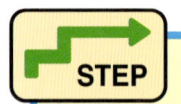

Key Sentence ⓲

I'm **going to** see her this afternoon.
私は今日の午後、彼女に会う**つもりだ**。

be going to の使い方

Point 23 ● be going to (＝will)の使い方

主語＋be going to＋動詞の原形：
～するだろう、～するつもりだ

肯定文 I **am going to** visit the library tomorrow.
＝ I **will** visit the library tomorrow.
（私は明日、図書館を訪れる**つもりだ**）

否定文 She **is** **not** **going to** visit the library tomorrow.
＝ She **will** **not** visit the library tomorrow.
（彼女は明日、図書館を訪れる**つもりはない**）

疑問文 **Are** you **going to** visit the library tomorrow?
＝**Will** you visit the library tomorrow?
（あなたは明日、図書館を訪れる**つもりですか？**）
Yes, I **am**. （はい、そうする**つもりです**）
No, I'**m not**. （いいえ、そうする**つもりはありません**）

「**will**」の代わりに「**be going to**」を使って、
「近い未来」や「意志」を表すことができます。
「be 動詞」は主語によって「am」「is」「are」を使い分け、
「**to**」の後には必ず「**動詞の原形**」が続きます。

この「be going to」は、「**go to〜（〜へ行く）**」の進行形と
間違えやすいので、その見分け方も押さえておきましょう。

ここだけは押さえよう！ 「be going to」の2つの意味

> 進行形：be going to ＋ 場所 （場所へ行くところだ）
> 例 I'm going to the library.（私は図書館へ行くところだ）
>
> 未来形：be going to ＋ 動詞の原形 （〜するつもりだ）
> 例 I'm going to play tennis.
> 　○（私はテニスを**するつもりだ**）
> 　×（私はテニスをしに行くところだ）

STEP

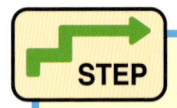

Key Sentence ⓳

Shall we dance?
踊りましょうか？

Shall I[we] ～?/Will you～?

Point 24 ● Shall I[we] ～?/Will you～?

Shall I～?：（私が）～しましょうか？（相手の意思を聞く）

例 **Shall I** wait here?（ここで待ち**ましょうか？**）
　　Yes, please.（はい、お願いします）
　　No, thank you.（いいえ、結構です）

Shall we～?：（私たちは）～しましょうか？（仲間の意向を聞く）

例 **Shall we** go for a walk?（散歩に行き**ましょうか？**）
　　Yes, let's.（はい、そうしましょう）
　　No, let's not.（いいえ、やめましょう）

Will you～?：（あなたが）～してくれませんか？（相手に依頼する）

例 **Will you** open the window?（窓を開け**てくれませんか？**）
　　Yes, I will [All right].（はい、いいですよ）
　　No, I won't.（いいえ、だめです）

Will you～?：（あなたが）～しませんか？（相手を勧誘する）

例 **Will you** have some coffee?（コーヒーは**いかがですか？**）
　　Yes, please.（はい、お願いします）
　　No, thank you.（いいえ、結構です）

未来を表す助動詞には「will」と「shall」がありますが、「shall」は会話でよく使う**「Shall I 〜?」「Shall we 〜?」**の2つの疑問形だけを押さえておいてください。
残りは、**人称、単数・複数、否定文・疑問文にかかわらず**
「will」を使えばいいからです。

「Will you〜?」は、ふつうの**未来形の疑問文**としても使います。
その場合は、**「相手の意思・予定」**をたずねて
「あなたは〜するつもりですか？」という意味になります。

> 例 **Will you** buy a camera?
> （あなたはカメラを買う**つもりですか？**）
> 例 When **will you** leave for New York?
> （いつニューヨークへ出発する**予定ですか？**）

「Will you 〜?」の「〜してくれませんか？（依頼）」は、
「Would you 〜?」「Could you 〜 ?」を使うと
より**丁寧な表現（〜してくださいませんか？）**になります。
「Will you 〜?」の「〜しませんか？（勧誘）」は、
「Won't you 〜?」を使うと
やわらかく親しみのこもった言い方になります。

過去形＆進行形＆未来形　55

Questions & Answers

Q1：次の文を過去時制に書きかえてみましょう。

① She has some books.

② The train stops at the station.

③ He is an English teacher.

④ Does he play the guitar?

⑤ Lucy writes a letter to him.

⑥ I don't know him.

Q2：次の文を進行形に書きかえてみましょう。

① We don't drink coffee.

② Tom and Dick swam in the sea.

③ Does your sister play the violin?

④ What does he read?

⑤ Lucy wrote a letter to him.

⑥ She runs with her dog.

Q3：次の文の下線部を（　　）内の語句にかえて未来形にしてみましょう。

> ① Did you wash the car <u>yesterday</u>? (tomorrow)
>
> ② We went to the library <u>last</u> Sunday. (next)
>
> ③ Does she play the piano <u>every day</u>? (tomorrow)
>
> ④ He is not busy <u>now</u>. (next week)
>
> ⑤ They read this book <u>last</u> year. (next)
>
> ⑥ I am eighteen years old <u>now</u>. (next month)

A1：

① **She had some books.**（訳：彼女は本を何冊か持っていた）

② **The train stopped at the station.**
　（訳：列車はその駅に止まった）

③ **He was an English teacher.**（訳：彼は英語の先生だった）

④ **Did he play the guitar?**（訳：彼はギターを弾きましたか？）

⑤ **Lucy wrote a letter to him.**
　（訳：ルーシーは彼に手紙を書いた）

⑥ **I didn't know him.**（訳：私は彼のことを知らなかった）

A2：

① **We aren't drinking coffee.**
　（訳：私たちはコーヒーを飲んでいない）

② **Tom and Dick were swimming in the sea.**

(訳：トムとディックは海で泳いでいた)

③ **Is your sister playing the violin?**

(訳：あなたのお姉さんはバイオリンを弾いていますか？)

④ **What is he reading?**

(訳：彼は何を読んでいるのですか？)

⑤ **Lucy was writing a letter to him.**

(訳：ルーシーは彼に手紙を書いていた)

⑥ **She is running with her dog.**

(訳：彼女は犬と一緒に走っている)

A3：

① **Will you wash the car tomorrow?**

(訳：あなたは明日車を洗いますか？)

② **We will go to the library next Sunday.**

(訳：私たちは今度の日曜日に図書館へ行くつもりだ)

③ **Will she play the piano tomorrow?**

(訳：彼女は明日ピアノを弾きますか？)

④ **He will not[won't] be busy next week.**

(訳：彼は来週忙しくないだろう)

⑤ **They will read this book next year.**

(訳：彼らは来年この本を読むだろう)

⑥ **I will be eighteen years old next month.**

(訳：私は来月で18歳になります)

3時間目

スッキリわかる！
助動詞＆命令文＆付加疑問文

ディスカバー「英文法」

「助動詞」に「命令文」「付加疑問文」。懐かしい文法用語との再会です。

　この3時間目が終われば、英語の基本的な骨組みはだいたい思い出せます。中学時代は理解しにくかった内容でも、「なるほど！」と納得できることも多いはずです。

STEP

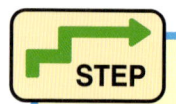

Key Sentence ⑳

He **can** speak English well.
彼は英語を上手に話すことができる。

助動詞の肯定文

Point 25 ● 助動詞の肯定文

> 肯定文　主語 + { can / may / must } + 動詞の原形〜.

① **助動詞は動詞の前にくる**
   例　× You swim can 〜　⇒　○ You **can** swim 〜

② **助動詞の後には動詞の原形が続く**
   例　× He can swims 〜　⇒　○ He can **swim** 〜
   ※主語と動詞の間に助動詞が割り込むことで「s[es]」は消える。

③ **助動詞は主語が3人称単数の場合でも「s」がつかない**
   例　× He cans 〜　　　⇒　○ He **can** 〜

④ **助動詞は2つ並べることができない**
   例　× I will can 〜　　⇒　○ I **will be able to** 〜
   　　× I will must 〜　⇒　○ I **will have to** 〜

「助動詞」という字をよく見ると、「動詞を助ける」と読めます。
つまり、助動詞は「動詞の働きを助ける語」なのです。

> ① I **can** swim well.（私は上手に泳ぐことができる）
> ② I 　　　swim well.（私は上手に泳ぐ）
> ③ I **can** 　　　well.（私は上手にできる）

上の①の文から助動詞「can」を取り除いた②の文は、
「can」がなくても十分に意味が通じます。
ところが、**動詞「swim」を取り除いた③の文は成立せず**、
何が上手にできるのかわかりません。このように、
助動詞は動詞と使われることで、はじめて意味をもちます。
これに対して、動詞は単独で用いても文が成立しますが、
助動詞の助けがあれば、**より幅の広い表現**が可能になるのです。

> swim（泳ぐ） ─→ **can** swim（泳ぐことができる）
> 　　　　　　　→ **may** swim（泳いでもよい）
> 　　　　　　　→ **must** swim（泳がなければならない）

なお、未来形の「**will**」（48ページ参照）も**助動詞の1つ**なので、
Point 25で紹介したルールはすべて当てはまります。

助動詞＆命令文＆付加疑問文

STEP

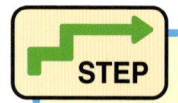

Key Sentence ㉑

May I help you?
何をお探しですか？

助動詞の否定文・疑問文

Point 26 ● 助動詞の否定文・疑問文

否定文　主語＋ | can / may / must | ＋ not ＋ 動詞の原形〜．

例　I **can not[can't]** speak French.
（私はフランス語を話す**ことができない**）

例　You **must not[mustn't]** smoke here.
（ここではタバコを吸って**はいけない**）

疑問文　| Can / May / Must | ＋ 主語 ＋ 動詞の原形〜？

例　**May** I help you?
（あなたを手伝って**もいいですか**？→何か手伝いましょうか？）

助動詞の否定文は、助動詞と動詞の原形の間に「**not**」を入れます。
助動詞の疑問文は、助動詞を文頭にもってきて表します。

再確認しよう！ 助動詞の否定文・疑問文の作り方

肯定文　　He **can**　　　run very fast.
否定文　　He **can** **not** run very fast.
疑問文　　**Can** he　　　run very fast?

ここだけは押さえよう！ 助動詞の否定の短縮形

例
- can not ⇒ can't
- must not ⇒ mustn't
- could not ⇒ couldn't
- will not ⇒ won't

Column

▶今、行くから

「夕食の用意ができたわよ！」「友達から電話よ～！」などと家族から呼ばれたら、あなたは何と答えますか？

自分を中心に考えて、つい「I'm going.」と答えてしまいそうですね。

でもこの場合、食卓や電話のある場所を中心に考えてみましょう。**呼びかけた相手の所へ行く場合は、「I'm coming.（今、行くよ）」を使います。**

助動詞＆命令文＆付加疑問文

STEP

Key Sentence ㉒

I **was able to** meet her yesterday.
私は昨日、彼女に会うことができた。

can[could] = be able to

Point 27 ● can[could]＋動詞の原形＝be able to＋動詞の原形

能力：〜することができる

（現在形） can ＝ am[is, are] able to＋動詞の原形

例 I **can** ride a bicycle.
 ＝ I **am able to** ride a bicycle.
（私は自転車に乗る**ことができる**）

（過去形） could ＝ was[were] able to＋動詞の原形

例 I **could** ride a bicycle yesterday.
 ＝ I **was able to** ride a bicycle yesterday.
（私は昨日自転車に乗る**ことができた**）

（未来形） will be able to＋動詞の原形

例 I **will be able to** ride a bicycle tomorrow.
（私は明日自転車に乗る**ことができるだろう**）

可能性：（否定文の形で）〜のはずがない

例 The story **can't** be true.
（その話は本当**のはずがない**）

「**can**」には過去形「**could**」はあっても**未来形はありません**。
そのため、**未来のことを表す**には、
「**can**」を「**be able to**」に置きかえて、
「**will be able to（〜することができるだろう）**」を使います。
助動詞は 2 つ並べられない（×will can）ので、
「be able to」を使って表すのです。

否定形の「**can't**」には、
「**〜できない（能力）**」と「**〜のはずがない（可能性)**」
という 2 つの意味があります。**可能性**を表すときは
「**can't be**」の形が多いので覚えておきましょう。

また、「**be able to**」は be 動詞の文なので、
否定文・疑問文の作り方は be 動詞と同じです（12〜15ページ参照）。

ここだけは押さえよう！ be able to の否定文・疑問文

否定文 be 動詞の後に not を入れるだけ
- 例 She **isn't[wasn't]** able to〜.
- 例 You **aren't[weren't]** able to〜.

疑問文 be 動詞を文頭に出す
- 例 **Is[Was]** she able to〜.
- 例 **Are[Were]** you able to〜.

助動詞＆命令文＆付加疑問文

STEP

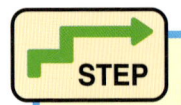

Key Sentence ㉓

Your choice **may** be wrong.
君の選択は間違っているかもしれない。

may [might]

Point 28 ● may[might]＋動詞の原形

許可：〜してもよい
例 You **may** go.（あなたは行っ**てもよい**）

不許可：(否定文の形で) 〜してはいけない
例 You **may not** go.（あなたは行っ**てはいけない**）

推量：〜かもしれない
例 The story **may** be true.（その話は本当**かもしれない**）

推量：(否定文の形で) 〜でないかもしれない
例 The story **may not** be true.
（その話は本当**でないかもしれない**）

※「推量」を表す場合は「may (not) be」の形が多い。

「許可」を表す「may」の否定形 **「may not」** を訳すとき、
「You may not go.」の「not」を「go」にかけて
「行かなくてもよい」と訳さないように注意しましょう。
この場合は、「不許可（〜してはいけない）」で訳します。

「〜してもいいですか？」と相手に「許可」を求める場合は
「May I〜?」を使います。友人など親しい間柄では
「Can I〜?」もよく使われます。

ここだけは押さえよう！「May I〜?」の答え方

質問　**May I sit down?**（座ってもいいですか？）
答え　**Sure[Certainly].**（いいですとも）
　　　Yes, of course.（もちろん、いいですとも）
　　　I'm afraid you can't.（残念ながらダメです）

※「may」「may not」を使うと、目上の人から目下の人に対する答え方になる。やや固い表現なので、ふつうの会話では使われない。

Yes, you **may**.（はい、いいです）　　　　　　　**[許可]**
No, you **may not**.（いいえ、いけません）　　　**[不許可]**
No, you **must not**.（いいえ、絶対にダメです）　**[禁止]**

3時間目

助動詞＆命令文＆付加疑問文

STEP

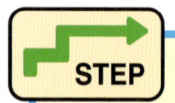

Key Sentence ㉔

I **must** work from morning till night.
私は朝から晩まで働かなければならない。

must = have to

Point 29 ● must+動詞の原形=have[has, had] to+動詞の原形

義務・当然:〜しなければならない

(現在形) **must = have [has] to**

例 I **must** go.
= I **have to** go.
(私は行か**なければならない**)

(過去形) **had to**

例 I **had to** go yesterday.
(私は昨日、行か**なければならなかった**)

(未来形) **will have to**

例 I **will have to** go tomorrow.
(私は明日、行か**なければならないだろう**)

強い推量:〜にちがいない

例 The story **must** be true. (その話は本当**にちがいない**)

「must」には過去形も未来形もありません。

そのため、過去は「had to（〜しなければならなかった）」で表し、未来は「will have to（〜しなければならないだろう）」で表します。

助動詞は2つ並べられないので「will must」にはできません。

現在形で「has to」を使うのは、主語が3人称単数のときだけです。

これは、「have」と「has」の使い分けと同じです（30ページ参照）。

なお、口語では「must」より「have to」のほうがよく使われます。

Column

▶「ロバ」と「象」の対決！

アメリカの2大政党は、どちらも動物をシンボルとしています。

民主党（the Democratic Party）は「donkey（ロバ）」で、共和党（the Republican Party）は「elephant（象）」です。

大統領選挙の時期になると、米国中のマスメディアにロバと象の絵が登場して激しい選挙合戦が行われます。

助動詞＆命令文＆付加疑問文

STEP

Key Sentence ㉕

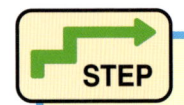

You **don't have to** read such a book.
君はそんな本を読む**必要はない**。

must と have to の否定文・疑問文

Point 30 ● must と have[has, had] to の否定文・疑問文

must

否定文 You **must not[mustn't]** go there.
（あなたはそこへ行って**はいけない**）[**禁止**]

疑問文 **Must I** go there?
（私はそこへ行か**なければならないのですか？**）
Yes, you **must**. （はい、行か**なければなりません**）
No, you **don't have to**.
（いいえ、**その必要はありません**）

have[has, had] to＋動詞の原形

否定文 You **don't have to** go there.
（あなたはそこへ行く**必要はありません**）

疑問文 **Do** I **have to** go there?
（私はそこへ行か**なければならないのですか？**）
Yes, you **do**. （はい、**行かなければなりません**）
No, you **don't**. （いいえ、**その必要はありません**）

「must」と「have to」は同じ意味を表しますが、その否定形
「**must not**」と「**don't[doesn't] have to**」は意味が異なります。

「**Must I~?**」に対する否定の答えは
「**No, you don't have to.**」です。
禁止（〜してはならない）を表す「must not」はここでは使えません。

「**have[has] to**」の否定文と疑問文の作り方は、
主語が3人称単数の場合に「don't」が「doesn't」に変わる点も含めて、
「**have**」と「**has**」の使い分けと同じです（30ページ参照）。

再確認しよう！ 「have[has] to」の否定文・疑問文の作り方

3人称単数以外

- 肯定文　　I　　　**must**　go there.
- 　　　　　I　　　**have to** go there.
- 否定文　　I **don't** **have to** go there.
- 疑問文　**Do** I　　**have to** go there?

3人称単数

- 肯定文　　He　　　**must**　go there.
- 　　　　　He　　　**has to**　go there.
- 否定文　　He **doesn't** **have to** go there.
- 疑問文　**Does** he　**have to** go there?

助動詞＆命令文＆付加疑問文

STEP

Key Sentence ㉖

Don't be noisy at midnight.
深夜にうるさくしてはいけない。

命令文の基本

Point 31 ● 命令文の基本

動詞の原形：〜しなさい
- 例 **Look** at this flower.（この花を見**なさい**）

Don't＋動詞の原形：〜**してはいけない**［禁止］
- 例 **Don't swim** here.（ここで泳い**ではいけない**）

Never＋動詞の原形：決して〜してはいけない［強い禁止］
- 例 **Never give** up.（**決して**あきらめ**てはいけない**）

Let's＋動詞の原形：〜しましょう［勧誘］
- 例 **Let's play** golf tomorrow.（明日ゴルフを**しましょう**）
  Yes, **let's**.（はい、**そうしましょう**）
  No, **let's not**.（いいえ、**よしましょう**）

文には「主語」と「動詞」があるのがふつうですが、
「命令文」では主語の「You」が省略されています。
それは、命令する相手が「You」に決まっているからです。
また、命令文では常に動詞の原形を使うことにも注意しましょう。

再確認しよう！ 命令文の作り方

肯定の命令文：主語を省いて「動詞の原形」ではじめる
- 肯定文　You are kind to everybody.
- 命令文　**Be** kind to everybody.（みんなに親切に**しなさい**）

否定の命令文：主語を省いて「Don't＋動詞の原形」の形にする
- 否定文　You are not noisy.
- 命令文　**Don't be** noisy.（うるさく**してはいけない**）
　　　　　×Be not noisy.

ここだけは押さえよう！ ていねいを表す please

例　**Please** clean the room.
　＝ Clean the room **,** **please**.
　　（どうぞ、部屋を掃除してください）
※文末に「please」をつける場合は、直前に「,（コンマ）」が入る。

助動詞＆命令文＆付加疑問文　73

One Point Lesson 命令文の書きかえ

命令文の書きかえは、次の4つのパターンを押さえておきましょう。

① 普通の命令文 ⇔ must[have to]
  例 **Study** English hard.（英語を熱心に勉強しなさい）
  = You **must[have to]** study English hard.
  （あなたは英語を熱心に勉強しなければならない）

② 否定の命令文 ⇔ must not[mustn't]
  例 **Don't open** this box.
  = You **must not[mustn't]** open this box.
  （この箱を開けてはいけない）

③ Let's〜 ⇔ Shall we〜?
  例 **Let's go** for a walk.（散歩に行きましょう）
  = **Shall we go** for a walk?（散歩に行きましょうか？）

④ Please〜 ⇔ Will you〜?
  例 **Please open** the window.（どうぞ窓を開けてください）
  = **Will you** open the window?
  （窓を開けてくれませんか？）

One Point Lesson 「命令文＋, and…」と「命令文＋, or…」

3時間目

Point 32 ● 「命令文＋, and…」と「命令文＋, or…」

命令文＋, and… : 〜しなさい、そうすれば…　⇒良い内容
例　**Study** hard, **and** you will pass the test.
　　（熱心に勉強**しなさい、そうすれば**試験に合格しますよ）

命令文＋, or… : 〜しなさい、さもないと…　⇒悪い内容
例　**Study** hard, **or** you won't pass the test.
　　（熱心に勉強**しなさい、さもないと**試験に合格しませんよ）

この文は、それぞれ次の形で書きかえることができます。

命令文＋, and… ⇔ **If you＋動詞, …**
例　**Start** at once, **and** you will catch the train.
　= **If you** start at once, you will catch the train.
　　（もしすぐに出発**すれば**、あなたは列車に間に合うでしょう）

命令文＋, or… ⇔ **If you don't＋動詞, …**
例　**Start** at once, **or** you won't catch the train.
　= **If you don't** start at once, you won't catch the train.
　　（もしすぐに出発**しなければ**、あなたは列車に乗り遅れるでしょう）

助動詞＆命令文＆付加疑問文

JUMP

Key Sentence ㉗

You are free now, **aren't you?**
あなたは今、ヒマですね。

動詞の付加疑問文

Point 33 ● be 動詞と一般動詞の付加疑問文

肯定文…, 否定の付加疑問？：〜ですね

- (現在形) You are free, **aren't you?** (あなたはヒマ**ですね**)
- (過去形) Bill was busy, **wasn't he?** (ビルは忙しかった**ですね**)
- (現在形) She speaks French, **doesn't she?**
  (彼女はフランス語を話し**ますね**)
- (過去形) You worked hard last night, **didn't you?**
  (あなたは昨夜熱心に働き**ましたね**)

否定文…, 肯定の付加疑問？：〜ではありませんね

- (現在形) You aren't free, **are you?**
  (あなたはヒマ**ではありませんね**)
- (過去形) Bill wasn't busy, **was he?**
  (ビルは忙しく**ありませんでしたね**)
- (現在形) She doesn't speak French, **does she?**
  (彼女はフランス語を話し**ませんね**)
- (過去形) You didn't work hard last night, **did you?**
  (あなたは昨夜熱心に働き**ませんでしたね**)

付加疑問文は相手に念を押したり同意を求めるときに使われます。
どちらの場合も文末が下げ調子（↘）になりますが、
問いかける気持ちが強い場合は上げ調子（↗）になります。

再確認しよう！ 動詞の付加疑問文の作り方

> **STEP1** 前半が肯定文なら否定、否定文なら肯定にする
> （否定の付加疑問では常に**短縮形**を使う）
> **STEP2** 前半の主語を「人称代名詞の主格」に置きかえる
> （Bill ⇒ he）

① be 動詞の付加疑問文

- 現在　You are ⇒ , aren't you?　You aren't ⇒ , are you?
- 　　　He is ⇒ , isn't he?　He isn't ⇒ , is he?
- 過去　You were ⇒ , weren't you?　You weren't ⇒ , were you?
- 　　　He was ⇒ , wasn't he?　He wasn't ⇒ , was he?

② 一般動詞の付加疑問文

- 現在　You go ⇒ , don't you?　You don't ⇒ , do you?
- 　　　He goes ⇒ , doesn't he?　He doesn't ⇒ , does he?
- 過去　You [He] went ⇒ , didn't you [he]?
- 　　　You [He] didn't ⇒ , did you [he]?

助動詞＆命令文＆付加疑問文

Key Sentence ㉘

You can ski, **can't you?**
あなたはスキーができますね。

助動詞の付加疑問文

Point 34 ● 助動詞の付加疑問文

肯定文…，否定の付加疑問？：〜ですね
- 例 Mary can swim, **can't she?**（メアリーは泳げますね）
- 例 They will come at once, **won't they?**　［未来形］
  （彼らはすぐに来ますね）
- 例 You have been busy, **haven't you?**　［現在完了］
  （あなたは忙しい**のですね**）

否定文…，肯定の付加疑問？：〜ではありませんね
- 例 Mary can't swim, **can she?**（メアリーは泳げませんね）
- 例 They won't come at once, **will they?**　［未来形］
  （彼らはすぐに来ませんね）
- 例 You haven't been busy, **have you?**　［現在完了］
  （あなたは忙しく**ないのですね**）

未来形「**will**」や現在完了「**have**」(198ページ参照)**も助動詞**なので、他の助動詞と同じように付加疑問文を作ることができます。

再確認しよう！ 助動詞の付加疑問文の作り方

STEP1 前半が肯定文なら否定、否定文なら肯定にする
 (否定の付加疑問では常に短縮形を使う)
STEP2 前半の主語を「人称代名詞の主格」に置きかえる
 (Mary ⇒ she)

- 現在形　　S can ⇒, can't S?　　S can't ⇒, can S?
- 過去形　　S could ⇒, couldn't S?　S couldn't ⇒, could S?
- 未来形　　S will ⇒, won't S?　　S won't ⇒, will S?
- 現在完了　S have[has]＋過去分詞 ⇒, haven't[hasn't] S?
　　　　　　S haven't[hasn't]＋過去分詞 ⇒, have[has] S?

前半の主語（名詞）を「人称代名詞の主格」に置きかえる場合、どの人称代名詞を選べばいいのか迷うものがあります。
そんな語句をいくつかまとめておきましょう。

① Tom, Bill, Mr. Smith, Your father　　　　　　⇒ **he**
② Mary, Jane, Her mother, His sister　　　　　 ⇒ **she**
③ The book, That tree, His watch, This, That　⇒ **it**
④ Bill and Jane, The children, The cats, These, Those
　　　　　　　　　　　　　　　　　　　　　　　⇒ **they**

助動詞＆命令文＆付加疑問文

One Point Lesson 命令文と Let's の付加疑問文

命令文にも、命令の意味を和らげる付加疑問文があります。

Point 35 ● 命令文・Let's の付加疑問文

命令文…, **will you?**：〜してくれませんか？

肯定文 Speak more slowly, **will you?**
（もっとゆっくり話し**てくれませんか？**）

否定文 Don't do such a thing, **will you?**
（そんなことをしない**でくれませんか？**）

※「肯定文」「否定文」のどちらでも同じ形。

Let's〜, shall we?：〜しましょうか？

例 Let's go for a drive, **shall we?**
（ドライブに行き**ましょうか？**）

One Point Lesson 付加疑問文の答え方

付加疑問文には「**Yes**」「**No**」で答えます。
特に注意が必要なのは「否定文＋肯定の付加疑問？」の場合で、
「**Yes**」と「**No**」の使い方が日本語とは逆になります。

Point 36 ● 付加疑問文の答え方

> 問いの形に関係なく、答えの内容が
> 肯定なら ⇒「**Yes**」　否定なら ⇒「**No**」

肯定文…, 否定の付加疑問？
例 You **are** busy, **aren't** you?（あなたは忙しいですね）
　　忙しい場合　　 ⇒ **Yes**, I am.（**はい**、忙しいです）
　　忙しくない場合 ⇒ **No**, I'm not.（**いいえ**、忙しくないです）

否定文…, 肯定の付加疑問？
例 You **aren't** busy, **are** you?（あなたは忙しくありませんね）
　　忙しい場合　　 ⇒ **Yes**, I am.（ いいえ 、忙しいです）
　　忙しくない場合 ⇒ **No**, I'm not.（ はい 、忙しくないです）
※忙しい場合はどちらも「**Yes**」、忙しくない場合はどちらも「**No**」。

助動詞＆命令文＆付加疑問文

Questions & Answers

Q1：(　　　) 内から適する語を選んでみましょう。

① It may (be rain, rain, rains) tomorrow.

② We must (be, is, are) kind to everyone.

③ I can't (ride, rides, riding) a bicycle.

④ Do I (has, have, had) to start at once?

⑤ (Did, Was, Were) you able to sleep well?

Q2：次の文を（　　　）内の指示に従って書きかえてみましょう。

① She can speak English well.（未来の文に）

② I must go to school.（過去の文に）

③ He couldn't play the piano.（同じ意味の文に）

④ You must get up early.（未来の文に）

⑤ He must go there.（「does」を使った疑問文に）

Q3：(　　) に適する語を入れて付加疑問文にしてみましょう。

① Your brother can't swim, (　　) (　　)?
② Shut the door, (　　) (　　)?
③ It is fine today, (　　) (　　)?
④ Lucy went to the library yesterday, (　　) (　　)?
⑤ Tom hasn't finished his work, (　　) (　　)?
⑥ Let's go for a walk, (　　) (　　)?

3時間目

A1：

① **rain**（訳：明日、雨が降るかもしれない）
② **be**（訳：私たちは誰にでも親切にしなければならない）
③ **ride**（訳：私は自転車に乗れない）
④ **have**（訳：私はすぐに出発しなければならないのですか？）
⑤ **Were**（訳：あなたはよく眠れましたか？）

A2：

① **She will be able to speak English well.**
（訳：彼女は上手に英語を話せるだろう）
② **I had to go to school.**
（訳：私は学校へ行かなければならなかった）
③ **He wasn't able to play the piano.**
（訳：彼はピアノを弾けなかった）

助動詞＆命令文＆付加疑問文

④ **You will have to get up early.**

（訳：あなたは早く起きなければならないだろう）

⑤ **Does he have to go there?**

（訳：彼はそこへ行かなければならないのですか？）

A3：

① Your brother can't swim, (**can**) (**he**)?

（訳：あなたの弟は泳げませんね）

② Shut the door, (**will**) (**you**)?

（訳：ドアを閉めてくれませんか？）

③ It is fine today, (**isn't**) (**it**)?

（訳：今日はいい天気ですね）

④ Lucy went to the library yesterday, (**didn't**) (**she**)?

（訳：ルーシーは昨日図書館へ行きましたね）

⑤ Tom hasn't finished his work, (**has**) (**he**)?

（訳：トムは仕事をやり終えていませんね）

⑥ Let's go for a walk, (**shall**) (**we**)?

（訳：散歩に行きましょうか？）

4 時間目

陰のキーワード
名詞＆代名詞

「名詞」と「代名詞」は簡単？

「名詞と代名詞？ 動詞に比べれば簡単さ！」

そう考えている人は多いと思います。でも、ちょっと待ってください。「rain（雨）には a がつく？」「its と it's の違いは？」「hers と her's は、どちらが正しい？」

「？？？」と思った人は、どうぞ次のページへ。

HOP

Key Sentence ㉙

Will you have **a glass of** water?
水を1杯、いかがですか？

名詞の種類

Point 37 ● 数えられる名詞と数えられない名詞

数えられる名詞：「a[an]」がついて、複数形がある
① **普通名詞**：1つ、2つと数えられる
  例 bird（鳥），girl（少女），desk（机）
② **集合名詞**：同じ種類の人・動物の集まり、グループ
  例 family（家族），class（クラス），team（チーム）

数えられない名詞：「a[an]」がつかず、複数形がない
① **固有名詞**：1つしかないものの名前。大文字ではじめる。
     人名、国名、地名、言語名、月、曜日、祝祭日など
  例 Tom（トム），Japan（日本），English（英語），
     January（1月），Christmas（クリスマス）
② **物質名詞**：一定の形をもたない
  例 coffee（コーヒー），milk（ミルク），rain（雨）
③ **抽象名詞**：性質・状態など漠然として形がない
  例 kindness（親切），health（健康），music（音楽）

物質名詞（「coffee」など）は、それ自体は**数えられない名詞**なので**数量を表すときには次のような形を使います。**

Point 38 ● 物質名詞の数え方

| 単数形 | a ☐ of〜 | 例 a cup of tea |
| 複数形 | two[three] ☐s of〜 | 例 two cups of tea |

① **a cup of** coffee[tea]　　　1杯のコーヒー［お茶］※熱いもの
② **a glass of** water[milk]　　1杯の水［ミルク］※冷たいもの
③ **a pair of** gloves[shoes]　　1組の手袋［1足のくつ］
④ **a piece of** paper[chalk]　　1枚の紙［1本のチョーク］
⑤ **a sheet of** paper　　　　　1枚の紙
⑥ **a slice of** bread　　　　　1切れのパン
⑦ **a spoonful of** sugar　　　砂糖1さじ
⑧ **a lump of** sugar　　　　　角砂糖1個
⑨ **a cake [bar] of** soap　　　石鹸1個
⑩ **a bottle of** wine　　　　　ワイン1本

名詞＆代名詞

HOP

Key Sentence ㉚

Many **babies** and **children** are in the room.
たくさんの赤ん坊や子どもたちがその部屋にいる。

複数形の作り方

Point 39 ● 複数形の作り方

規則変化

① 「単数形」+s　　例 desk（机）⇒ **desks**
② 「s, x, ch, sh」の語尾+es　　例 dish（皿）⇒ **dishes**
③ 「子音字+o」の語尾+es
　　例 potato（ジャガイモ）⇒ **potatoes**
④ 「子音字+y」の語尾⇒「y」を「i」にかえて+es
　　例 baby（赤ちゃん）⇒ **babies**
⑤ 「母音字+y」の語尾+s　　例 boy（少年）⇒ **boys**
⑥ 「f, fe」の語尾⇒「f, fe」を「v」にかえて+es
　　例 leaf（葉）⇒ **leaves**　knife（ナイフ）⇒ **knives**

不規則変化

① 母音部分のつづりが変化
　　例 man（男）⇒ **men**　foot（足）⇒ **feet**
② 「en」「ren」をつける
　　例 ox（雄牛）⇒ **oxen**　child（子ども）⇒ **children**
③ 単複同形
　　例 sheep（羊）⇒ **sheep**　Japanese（日本人）⇒ **Japanese**

名詞の複数形の作り方は、**不規則変化**を中心に完全に押さえておきましょう。

ただし、規則変化の③と⑥には、次のような**例外**があるので注意してください。

ここだけは押さえよう！ 名詞の複数形の例外

③「後半が省略されてできた語＋o」の語尾＋s
- 例 piano (pianoforte)（ピアノ）⇒ **pianos**
- 例 photo (photograph)（写真）⇒ **photos**
- 例 radio (radioset)（ラジオ）⇒ **radios**

⑥「**f**」の語尾＋s
- 例 chief（長）⇒ **chiefs**
- 例 roof（屋根）⇒ **roofs**
- 例 handkerchief（ハンカチ）⇒ **handkerchiefs**

Column

▶**コーヒーの数え方**

「coffee」を数えるときは、ふつう「a cup [two cups] of coffee（コーヒー1［2］杯）」のように言います。しかし、**店で注文するとき**には「Two coffees, please.（コーヒーを2つお願いします）」などと、数えられる名詞として扱われます。

　紅茶（tea）や**オレンジジュース**（orange juice）なども、同じ注文の仕方でOKです。

HOP

Key Sentence ㉛

An hour has sixty minutes.
1時間は60分である。

冠詞 a[an]

Point 40 ● a と an の使い分け

数えられる名詞

※数えられない名詞には冠詞はつかない。

① **a**＋発音が 子音 ではじまる名詞
- 例 a lemon（レモン）

② **an**＋発音が 母音 ではじまる名詞
- 例 an apple（リンゴ）

形容詞＋名詞／副詞＋形容詞＋名詞

※**直後にくる形容詞［副詞］の最初の発音**で使い分ける。

- 例 a house（一軒の家）　　　　　　　［名詞］
- 例 a new house（新しい家）　　　　　［形容詞＋名詞］
- 例 an old house（古い家）　　　　　　［形容詞＋名詞］
- 例 a very old house（とても古い家）　［副詞＋形容詞＋名詞］

単数の数えられる名詞の前には「**a**」か「**an**」をつけます。

「a[an]」は「1つの」という意味ですが、

特に「1つ」ということを強調したい場合を除いて、

ふつうは日本語に訳しません。

> 例 I have **a** lemon and **an** apple.
> 　　（私はレモンとリンゴを持っている）

発音 が母音（ア、イ、ウ、エ、オ）ではじまるとき、

その名詞には「**an**」がつきます。

つづり字は関係ないので注意しましょう。

> 例 **an** hour［アウア］（1時間）
> 　　※子音字「h」ではじまるが**発音は母音「ア」**。
> 例 **a** university［ユーニヴァ〜スィティ］（大学）
> 　　※母音字「u」ではじまるが**発音は子音「ユー」**。

名詞の前に形容詞や副詞＋形容詞がつく場合は、

その形容詞［副詞］の 発音 によって「**a**」か「**an**」かが決まります。

> 例 **a** new house［ニュー］
> 例 **an** old house［オウルド］

One Point Lesson 冠詞 the の使い方

Point 41 ● the の使い方

前に出てきた名詞
例 I have **a** dictionary. I often use **the** dictionary.
（私は辞書を持っている。**その**辞書を私はよく使う）

前後関係から何を指しているかわかる名詞
例 Will you please close **the** door?
（ドアを閉めてくれませんか？）
※相手はどのドアかわかっている。

いくつか**冠詞を省略した例外的な表現**があります。

① **play＋スポーツ名**　例 play **tennis**（テニスをする）
② **have [eat]＋食事名** 例 have **breakfast**（朝食をとる）
③ **go to＋建物**　例 go to **school**（授業を受けに行く）
　※そこで行われる本来の目的・機能を表す場合。
④ **by＋交通手段**　例 by **bus**（バスで）
⑤ **at＋正午[夜]**　例 at **noon[night]**（正午[夜]に）

Column

▶「日付」「曜日」「時刻」の聞き方イロイロ

相手に聞くときは、1つだけ覚えていればいいのですが、聞かれた場合にはそうはいきません。そんなときに備えて、いくつか頭の中に入れておきましょう。

4時間目

【今日は何日ですか？】
- What's the date today?
- What's today's date?
- What date is it today?
- What day of the month is it today?

【今日は何曜日ですか？】
- What day is it today?
- What day is today?
- What day of the week is it today?

【今何時ですか？】
- What time is it?
- What's the time?
- What time do you have?
- Do you have the time?

Key Sentence ㉜

He invited me to his house.

彼は私を自宅に招いた。

人称代名詞と所有代名詞

Point 42 ● 人称代名詞と所有代名詞

単数		主格 (は・が)	所有格 (の)	目的格 を・に)	所有代名詞 (のもの)
1人称	私	I	my	me	mine
2人称	あなた	you	your	you	yours
3人称	彼	he	his	him	his
	彼女	she	her	her	hers
	それ	it	its	it	−

※「it」の所有代名詞はない。

複数		主格 (は・が)	所有格 (の)	目的格 (を・に)	所有代名詞 (のもの)
1人称	私たち	we	our	us	ours
2人称	あなたたち	you	your	you	yours
3人称	彼ら 彼女ら それら	they	their	them	theirs

人称代名詞は「人称」「数」「格」によって左表のように変化します。

「**you**」と「**it**」は主格と目的格が同じ形、

「**her**」は所有格と目的格が同じ形、

「**his**」は所有格と所有代名詞が同じ形なので確認しましょう。

所有格「**its**」は「**it's**」と勘違いしやすいので特に注意が必要です。
(「it's」は「it is (それは〜です)」の短縮形)

> 例 I have a cat. **Its** name is Kitty. (×It's name)
> (私はネコを飼っている。その名前はキティです)

Point 43 ●「格」の働き

主 格：主語（〜は・〜が）になる
例 **He** is a student. (彼は学生です)

所有格：所有（〜の）を表す　※名詞の前に置く
例 This is **his** camera. (これは彼のカメラです)

目的格：一般動詞（〜を・〜に）・前置詞の目的語になる
　　　※一般動詞・前置詞の後に置く
例 I know **him**. (私は彼を知っている)
例 I play tennis with **him**. (私は彼とテニスをする)

名詞&代名詞　95

HOP

Key Sentence ㉝

I broke **my father's** watch.
私は父の時計を壊してしまった。

所有格の使い方

Point 44 ● 所有格の使い方

	単数	複数
1人称	**my**（私の）	**our**（私たちの）
2人称	**your**（あなたの、あなたたちの）	
3人称	**his**（彼の）	**their** （彼らの、彼女らの、それらの）
	her（彼女の）	
	its（それの）	

① 名詞の前に置く　例 **my** house（私の家）

② a[an], the, this[that], these[those]とともには使えない
　例　×a my book　　×my a book
　　　×this my book　×my this book

③ 名詞の所有格（〜の）は「〜'(s)」で表す
　単数名詞+'s　　例 **Bill's** watch（ビルの腕時計）
　　　　　　　　例 **my father's** car（私の父の車）
　複数名詞+'　　例 **the boys'** house（その少年たちの家）

所有格は「**a[an]**」「**the**」「**this[that]**」「**these[those]**」などと並べて使うことはできないので、
「**of＋所有代名詞**」を名詞の後につけます（100ページ **Point 47**③）。
また、**人や動物以外の無生物の場合**は、
原則として「**… of ～（～の…）**」の形にします。

- 例 私のこの本　〇 this book **of mine**
　　　　　　　× my this book
- 例 私の部屋の窓　〇 the window **of my room**
　　　　　　　× my room's window
- 例 テーブルの足　〇 the legs **of the table**
　　　　　　　× the table's legs

名詞の所有格は、語尾に「**'s**」をつけて作ります。
ただし、複数名詞で「**s**」で終わっている場合には、
その後に「**'**」だけをつけます。
同じ複数名詞でも「**s**」で終わらない場合には、
「**'s**」をつけて所有格を作ります。

- 例 **the children's** room（その子供たちの部屋）
- 例 **men's** shoes（**男性用の靴**）

名詞＆代名詞　**97**

HOP

Key Sentence ㉞

Everyone loves you.
誰もがあなたのことを愛している。

目的格の使い方

Point 45 ● 目的格の使い方

	単数	複数
1人称	me（私を）	us（私たちを）
2人称	you（あなたを、あなたたちを）	
3人称	him（彼を）	them （彼らを、彼女らを、それらを）
	her（彼女を）	
	it（それを）	

① **一般動詞の後に置く**

例 I know him.（私は**彼を**知っている）　　[人称代名詞]

例 I know his father.　　[名詞]
（私は**彼のお父さん**を知っている）

② **前置詞の後に置く**

例 I play tennis with him.　　[人称代名詞]
（私は**彼と**テニスをする）

例 I play tennis with my friend.　　[名詞]
（私は**友人と**テニスをする）

目的格(＝目的語)は**一般動詞や前置詞の後**に置きますが、

目的格が他の格と同形のもの(you, her) は、

使い方や訳し方に注意が必要です。

> 主　格　Do you like music?(あなたは音楽が好きですか？)
> 目的格　I like you very much. (私は**あなたが**とても好きだ)
>
> 所有格　I know her father.(私は**彼女の**お父さんを知っている)
> 目的格　I know her. (私は**彼女を**知っている)

また、目的格(＝目的語)をとる一般動詞は「他動詞」だけです。

Point 46 ● 他動詞と自動詞

他動詞：目的語を必要とする動詞
- 例 I **know** her. (私は彼女**を**知っている) ［人称代名詞］
- 例 I **have** a book. (私は本**を**持っている) ［名詞］

　　　　目的語

自動詞：目的語を必要としない動詞
- 例 I **go** to school. (私は学校へ**行く**)
- 例 I **swim** in summer. (私は夏に**泳ぐ**)

※「to school」と「in summer」は目的語ではなく**修飾語**。

4時間目

名詞＆代名詞

HOP

Key Sentence ㉟

He is a good friend **of mine**.
彼は私の親友だ。

所有代名詞の使い方

Point 47 ● 所有代名詞の使い方

	単数	複数
1人称	**mine**＝my+名詞(私のもの)	**ours**＝our+名詞(私たちのもの)
2人称	**yours**＝your+名詞（あなたのもの、あなたたちのもの）	
3人称	**his**＝his+名詞(彼のもの)	**theirs**＝their+名詞 (彼らのもの、彼女らのもの)
	hers＝her+名詞(彼女のもの)	

① 所有代名詞（〜のもの）＝ 所有格（〜の）＋名詞
   例　This book is **mine**.　＝ This is **my book**.
   （この本は**私のもの**です）　（これは**私の本**です）

② 名詞の所有代名詞（〜のもの）＝ 名詞の所有格（〜の）＋名詞
   例　This book is **Bill's**.　＝ This is **Bill's book**.
   （この本は**ビルのもの**です）　（これは**ビルの本**です）

③ a[an], the, this[that], these[those]など＋名詞＋of＋所有代名詞
   例　a friend **of mine**　（私の友達）
   例　this book **of yours**　（あなたのこの本）

所有代名詞は「mine」を除けば「**所有格＋s**」の形をしていますが、「his」は「s」で終わるので所有格と同じ形を使います（「×hiss」）。
「his」や「Bill's」は所有格と所有代名詞が同じ形ですが、所有代名詞の後には名詞がこないので注意しましょう。

> （所 有 格）This is **his** book.（これは彼の本です）
> ※所有格は**名詞の前にくる**。
> （所有代名詞）This book is **his**.（この本は彼のものです）
> ※所有代名詞は**後に名詞がこない**。

所有代名詞は「**単数**」にも「**複数**」にも使われます。

> （単数形）This book is **mine**.（この本は私のものです）
> （複数形）These books are **mine**.（これらの本は私のものです）

名詞＆代名詞

HOP

Key Sentence ㊱

As I lost my umbrella, I want **a new one**.
傘をなくしてしまったので**新しいのがほしい**。

紛らわしい不定代名詞

Point 48 ● 「one」と「it」の違い

① **a[an]＋単数名詞（不特定なもの）** ⇒ **one**

例 I have no camera. I want to buy **one**. （＝a camera）
（私はカメラを持っていない。**1台**買いたいと思う）

② **the＋単数名詞（特定のもの）** ⇒ **it**

例 I have a camera. I bought **it** last year. （＝the camera）
（私はカメラを1台持っている。昨年**それを**買った）

Point 49 ● 「one」と「the other(s)」の違い

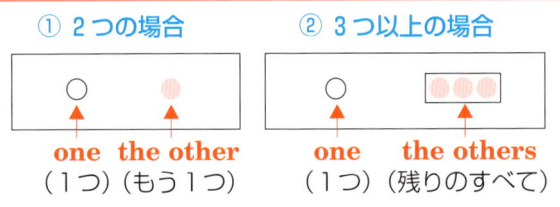

① 2つの場合　　② 3つ以上の場合

one　the other　　**one　the others**
（1つ）（もう1つ）　（1つ）（残りのすべて）

① I have **two** balls. **One** is white, and **the other** is black.
（私はボールを2つ持っている。**1つは**白で、**もう1つは**黒だ）

② I have **four** balls. **One** is white, and **the others** are black.
（私はボールを4つ持っている。**1つは**白で、**残りはすべて**黒だ）

「**one**」も「**it**」も、前に出てきた名詞の繰り返しを避けるために使われますが、両者には大きな違いがあります。
「**one**」は前の名詞と同じ種類の不特定なものを、
「**it**」は前の名詞と同一のものを示します。
①の例文は、「今カメラがないので**不特定なカメラを買いたい**」。
②の例文は、「今もっているカメラと**同一のカメラを昨年買った**」。

「**one**」は「a[an]＋名詞」の代用なので冠詞をつけませんが、
「one」に形容詞などの修飾語がつくと
冠詞をつけたり複数形（**ones**）になったりします。

> 例 I want to buy **a new one**. （私は新しいものを買いたい）
> 例 These aren't my shoes. Mine are **brown ones**.
> 　（これは私の靴ではない。私のものは**茶色のだ**）

「other」は「3つ以上」の場合には複数形「**others**」となります。
よく似た語に「**another（別のもの[人]）**」がありますが、
これは「an+other」が1語になったものなので
「an」や「the」などはつきません。

> 例 A : I don't like this bag. （このかばんは気に入らない）
> 　 B : Show me **another**.（**別のものを見せてください**）

名詞＆代名詞

One Point Lesson　itの特別な使い方

以下の「**it**」は「それは」と日本語には訳しません。

Point 50 ● itの特別な使い方

① **天候**　例　**It**'s fine today.（今日はいい天気だ）
　　　　　例　**It**'s raining hard.（雨が激しく降っている）

② **時間**　例　What time is **it** now?（今何時ですか？）
　　　　　　　It's seven o'clock.（7時です）

③ **月日**　例　What day of the month is **it** today?
　　　　　　　（今日は何日ですか？）
　　　　　　　It's May 3.（5月3日です）

④ **曜日**　例　What day is **it** today?（今日は何曜日ですか？）
　　　　　　　It's Sunday.（日曜日です）

⑤ **寒暖**　例　**It**'s very warm today.（今日はとても暖かい）
　　　　　例　**It** was cold yesterday.（昨日は寒かった）

⑥ **明暗**　例　**It**'s getting dark outside.
　　　　　　　（外は暗くなりかけている）

⑦ **距離**　例　How far is **it** from here to the station?
　　　　　　　（ここから駅までどのくらいありますか？）
　　　　　　　It's about two kilometers.（約2キロです）

Questions & Answers

Q1：(　　) の中に「a」「an」「×」を入れてみましょう。

① (　) desk　② (　) cat　③ (　) Tom　④ (　) egg
⑤ (　) Tokyo　⑥ (　) bird　⑦ (　) water　⑧ (　) orange

Q2：次の名詞を複数形に直しましょう。

① city　② bus　③ camera　④ foot　⑤ Japanese
⑥ tomato　⑦ bench　⑧ leaf　⑨ gentleman　⑩ child

Q3：(　　) 内から適する語を選んでみましょう。

① You and (I, my, me) are good friends.
② Whose camera is this? It's (he, his, him).
③ That's my (uncle, uncles, uncle's) hat.
④ I have no bicycle. I want to buy (it, one, that).

Q4：次の日本文を英文に直してみましょう。

① 今日はとても寒い。
② 昨日はとても激しく雨が降った。
③ 今日は土曜日だ。
④ ここから駅まで約5マイルある。

A1：

① **a**（机） ② **a**（ネコ） ③ **×**（トム） ④ **an**（卵）

⑤ **×**（東京） ⑥ **a**（鳥） ⑦ **×**（水） ⑧ **an**（オレンジ）

A2：

① **cities**（都市） ② **buses**（バス） ③ **cameras**（カメラ）

④ **feet**（足） ⑤ **Japanese**（日本人） ⑥ **tomatoes**（トマト）

⑦ **benches**（ベンチ） ⑧ **leaves**（葉） ⑨ **gentlemen**（紳士）

⑩ **children**（子供）

A3：

① **I**（訳：あなたと私は仲の良い友達だ）

② **his**（訳：これは誰のカメラですか？ それは彼のものです）

③ **uncle's**（訳：あれは私のおじの帽子だ）

④ **one**（訳：私は自転車を持っていない。1台買いたいと思う）

A4：

① **It's very cold today.**

② **It rained very hard yesterday.**

③ **It's Saturday today.**

④ **It's about five miles from here to the station.**

5時間目

ビューティフル・サンディ
形容詞＆副詞＆比較＆感嘆文

> お〜っ きみは なんて うまそーなんだ

センスが問われる英文表現

　英文は動詞と名詞だけでも、十分に表現できます。でも、これだけでは何か物足りませんね。
「形容詞」や「副詞」をうまく使って、相手の心をつかむ文にかえてみましょう。

HOP

Key Sentence ㊲

I want **something new** to read.

私は何か新しい読み物がほしい。

形容詞の働き

Point 51 ● 形容詞の働き

① 前から名詞を修飾する：形容詞＋名詞

※形容詞の後に**名詞がある**

例 a **new** house（**新しい**家）

例 an **old** tree（**古い**木）

② 補語になる：be 動詞＋形容詞　※形容詞の後に名詞がない

例 This pencil is **long**.（この鉛筆は**長い**）

＝ This is a **long** pencil.（これは**長い**鉛筆です）※①の用法

③ 後から名詞を修飾する：～thing＋形容詞

例 something **cold**（何か**冷たい**もの←**冷たい**何か）

例 something **cold** **to drink**（何か**冷たい飲み物**）

形容詞は人や物の「性質・状態・大きさ・形・色」などを表す語です。
①名詞の直前に置いて後の名詞を修飾する働きと、
②be動詞の後で主語の性質・状態を説明する働きがあります。

名詞を修飾する形容詞は、ふつう「形容詞＋名詞」の語順ですが、
代名詞「～thing」の場合は例外的に、
③のような逆の語順（～thing＋形容詞）になります。

> 例 Is there anything new in his report?
> （彼のレポートには**何か新しいこと**が載っていますか？）
> 例 There was nothing interesting yesterday.
> （昨日は**面白いことが何もなかった**）

Column

▶「brunch」はいつ食べる？

食事を表す語のうち「dinner」は**1日の主要な食事**のことで、ふつうは**夕食**がそれに当たります。しかし、休日などの昼間に「dinner」を食べた場合の**軽い夕食**は「supper」（サパー）といいます。また、**朝食と昼食を兼ねた食事**を「brunch（breakfast＋lunch）」といいます。

HOP

Key Sentence ㊳

Many foreigners visited Japan last year.
昨年はたくさんの外国人が日本を訪れた。

数量を表す形容詞

Point 52● 数量を表す形容詞

	多くの		少しの	ほとんどない	いくらかの	少しもない
数	many	a lot of	a few	few	some (any)	no
量	much	plenty of	a little	little		

① 「many」と「much」
- 例 I have **many** friends.（私には友人が**たくさん**いる）
- 例 We have **much** rain in June.（6月には雨が**多い**）

② 「few」と「little」
- 例 I have **a few** friends.（私には友人が**少しは**いる）
- 例 I have **few** friends.（私には友人が**ほとんどいない**）
- 例 I have **a little** money.（私はお金を**少し**持っている）
- 例 I have **little** money.（私はお金を**ほとんど**持っていない）

③ 「some」と「any」
- 例 I have **some** books.（私は**何冊かの**本を持っている）
- 例 Do you have **any** books?（あなたは本を持っていますか?）
- 例 I don't have **any** books.（私は**1冊も**本を持って**いない**）

左の表の「数」の行にある形容詞は「数えられる名詞」につき、
「量」の行にある形容詞は「数えられない名詞」につきます。
したがって、「a lot of」「plenty of」「some (any)」「no」は
「数えられる名詞」と「数えられない名詞」の両方で使えます。

数えられる名詞に使う「few」と数えられない名詞に使う「little」は、
どちらも「a」をつけると「少しある」という肯定的な意味になり、
「a」をつけないと「ほとんどない」という否定的な意味になります。

原則的に「some」は肯定文、「any」は否定文・疑問文で使われます。
ただし、人にものを勧めたり何かを頼むときなど、
「yes」の答えが予想されるときは、疑問文でも「some」を使います。
また、「if」を使った条件文では「any」を使います。

> 例 Would you like **some** coffee?（コーヒーはいかがですか?）
> Yes, please.（はい、お願いします）
> 例 If you have **any** money, lend me **some**.
> （もしいくらかお金を持っていれば、少し貸してください）

「not ~ any」と「no」は同じ意味（少しも~ない）です。

> 例 I do**n't** have **any** milk. = I have **no** milk.
> （牛乳が少しもない）

5時間目

形容詞&副詞&比較&感嘆文 111

HOP

Key Sentence ㊴

I am **always** busy.
私はいつも忙しい。

副詞の働きと位置

Point 53 ● 副詞の働き

① **動詞を修飾する**
   例　He works **hard**. (彼は**熱心に**働く)

② **形容詞を修飾する**
   例　Her hair is **very** long. (彼女の髪は**とても**長い)

③ **他の副詞を修飾する**
   例　He works **very** hard. (彼は**とても**熱心に働く)

Point 54 ● 副詞の位置

① **動詞を修飾する ⇒ 動詞の後**
  例 He plays golf **well**.（彼はゴルフが**上手**だ）
  ※目的語がある場合は目的語の後。

② **形容詞・副詞を修飾する ⇒ 形容詞・副詞の前**
  例 She is **very** kind.（彼女は**とても**親切だ）

③ **時を表す副詞 ⇒ 文末か文頭**
  例 We went to the zoo **yesterday**.
  ＝ **Yesterday** we went to the zoo.
  （私たちは**昨日**動物園へ行った）

④ **副詞が重なる場合 ⇒ 「場所＋状態＋時」の順**
  例 He arrived **there** **safely** **last night**.
       場所　　　状態　　　時
  （彼は**昨夜無事にそこへ**着いた）

⑤ **頻度を表す副詞**
  （**always, usually, often, sometimes, never** など）
  ⇒ **be動詞・助動詞の直後**
  例 I am **always** busy.（私は**いつも**忙しい）
  例 You must **always** get up early.
  （あなたは**いつも**早く起きなければならない）
  ⇒ **一般動詞の直前**
  例 I **always** get up at seven.（私は**いつも**7時に起きる）
  ⇒ **sometimes** は**文頭**や**文末**に置くこともある ※強調のため
  例 **Sometimes** he goes to church.（**時々**彼は教会へ行く）

形容詞＆副詞＆比較＆感嘆文　113

HOP

Key Sentence ⓵

Dick speaks Japanese fluently.
ディックは流暢に日本語を話す。

紛らわしい副詞

Point 55 ● 紛らわしい副詞

① 「good（形容詞）」と「well（副詞）」
例 She is a **good** driver.（彼女は**よい**運転手だ）
＝ She drives **well**. （彼女は運転が**上手だ**）

② 「too」と「either」
肯定文 **too**（～もまた…だ）
例 He likes music. I like music, **too**.
（彼は音楽が好きだ。私**もまた**音楽が好きだ）
否定文 **either**（～もまた…でない）
例 He doesn't like music. I don't like music, **either**.
（彼は音楽が好きではない。私**もまた**音楽が好き**でない**）

③ 「there（そこへ［に］）」と「home（家へ［に］）」
例 Let's go **there**.（**そこへ**行きましょう）
  × go to there
例 I want to go **home**.（私は**家に**帰りたい）
  × go to home

③の「there」と「home」を「go」などと一緒に使うときは、「go to there」や「go to home」にしないように注意しましょう。**「to」を入れない理由**は、**副詞自体に「へ [に]」の意味が含まれている**からです。

再確認しよう！ 副詞の作り方

① 形容詞と副詞が同じ形
- 例 **hard** （形）熱心な （副）熱心に
- 例 **fast** （形）速い （副）速く ※速度を表す
- 例 **early** （形）早い （副）早く ※時間を表す
- 例 **late** （形）遅い （副）遅く ※時間を表す

② 形容詞+ly
- 例 **quick**（形）速い ⇒ **quickly**（副）速く
  ※速度・動作を表す
- 例 **slow**（形）遅い ⇒ **slowly**（副）遅く
  ※速度・動作を表す
- 例 **kind**（形）親切な ⇒ **kindly**（副）親切に
- 例 **careful**（形）注意深い ⇒ **carefully**（副）注意深く

③ 形容詞「y」の語尾 ⇒ 「y」を「i」にかえて+ly
- 例 **happy**（形）幸福な ⇒ **happily**（副）幸福に
- 例 **easy**（形）簡単な ⇒ **easily**（副）簡単に

STEP

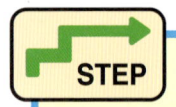

Key Sentence ㊹

Knowledge is as important as freedom.
知識は自由と同じくらい重要だ。

原級の使い方

Point 56 ● 原級の使い方

① **as＋原級＋as～：～と同じくらい…**
   例 I am <u>as tall as</u> he.（私は彼**と同じくらい**背が高い）
   例 I can swim <u>as fast as</u> he.
   （私は彼**と同じくらい**速く泳げる）

② **not as[so]＋原級＋as～：～ほど…でない**
   例 I am <u>not as tall as</u> he.（私は彼**ほど**背が高く**ない**）
   例 I ca<u>n't</u> swim <u>as fast as</u> he.（私は彼**ほど**速く泳げ**ない**）

③ **-times as＋原級＋as～：～の―倍の…**
   twice as＋原級＋as～：～の２倍の…
   half as＋原級＋as～：～の半分の…
   例 My uncle is <u>three times as old as</u> I.
   （私のおじは私**の３倍**年をとっている）
   例 Your bag is <u>twice as big as</u> mine.
   （あなたのかばんは私のかばん**の２倍の**大きさだ）

比較は形容詞・副詞を変化させて複数の人やものを比べる表現です。
比較には、次の3つの用法があります。

> **ここだけは押さえよう!** 比較の3つの用法
>
> (原　級) 2つを比較して「A＝B」を表す
> (比較級) 2つを比較して「A＞B」「A＜B」を表す
> (最上級) 3つ以上を比較して「いちばん」を表す

①②の例文の「as he」は、
「as he is tall」「as he can swim fast」の
「is tall」「can swim fast」が省略された形です。

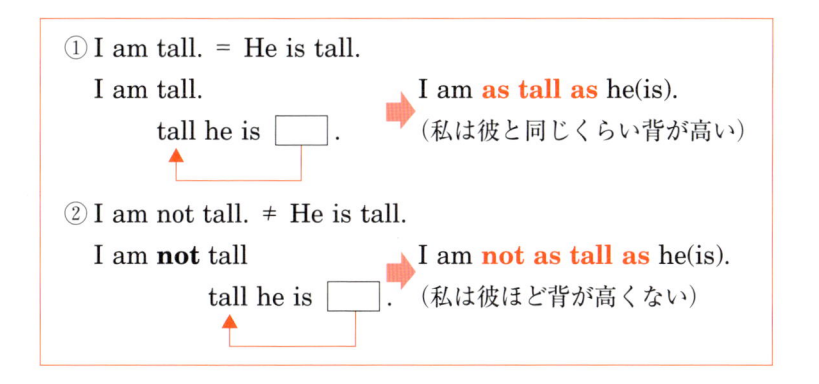

---

① I am tall. ＝ He is tall.
　I am tall.
　　　tall he is ☐ .　　➡　I am **as tall as** he(is).
　　　　　　　　　　　　　　（私は彼と同じくらい背が高い）

② I am not tall. ≠ He is tall.
　I am **not** tall
　　　tall he is ☐ .　　➡　I am **not as tall as** he(is).
　　　　　　　　　　　　　　（私は彼ほど背が高くない）

---

③は**「half（半分）」**と**「twice（2倍）」**の他は、
「3倍、4倍、5倍…」とすべて**「-times」**になります。

STEP

Key Sentence ㊷

This puzzle is **easier than** that one.
このパズルはあのパズル**より**簡単だ。

比較級の使い方

Point 57 ● 比較級の使い方

① **A＋動詞＋比較級＋than＋B：A は B よりも…**
- 例 I am **taller than** he.（私は彼**よりも**背が高い）
- 例 I can swim **faster than** he.（私は彼**よりも**速く泳げる）

② **much＋比較級：ずっと（比較級の強調）**
- 例 Tom is muchtaller than I.
  ×very taller
  （トムは私**より** ずっと 背が高い）

③ **Which[Who]…＋比較級, A or B？：**
A と B では、どちらのほうが…か？
- 例 **Which** is **larger**, Tokyo **or** Osaka?
  （東京と大阪では、**どちらのほうが**大きい**ですか？**）
  Tokyo is（larger than Osaka）.（東京です）
- 例 **Who** is **taller**, Kate **or** Meg?
  （ケイトとメグでは、**どちらのほうが**背が高い**ですか？**）
  Meg is（taller than Kate）.（メグです）

①の例文は、「背の高さ」や「泳ぐ速さ」について
「**I（私）＞he（彼）**」という関係を表しています。
これは、次のように書きかえることができます。

> I am **taller than** he. ［比較級］
> （私は彼よりも背が**高い**）
> = He is **shorter than** I. ［比較級］
> （彼は私よりも背が**低い**）
> ※反意語「tall ⇔ short」。「I」と「he」が入れかわっていることに注意。
> = He is **not as tall as** I. ［原級］
> （彼は私ほど背が**高くない**）

Column

▶「キャリアウーマン」or「カリアウマン」?

　今ではすっかり日本語になっている「career」も、「**カリア（ー）**」と英語で正しく発音できる人は少ないようです。

　生涯の職業を持つ女性を意味する「キャリアウーマン（a career woman）」や国家公務員試験Ⅰ種に合格して中央本省庁に採用された職員（キャリア組）は、どちらも「career（カリア）」を使います。

　一方、「**キャリア（ー）**」にあたる「**carrier**」は「carry（運ぶ）」の派生語で、運搬人、ウイルスの感染者、航空会社などを意味します。
※「woman」は英語では「ウマン」と発音。

STEP

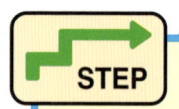

Key Sentence ⓭

Cathy is **the most attractive of** them.
キャシーは彼女たちの中でいちばん魅力的だ。

最上級の使い方

Point 58 ● 最上級の使い方

① **(the＋) 最上級＋in[of]〜：〜の中でいちばん…**

 例 I am **the tallest in** my class.
 （私はクラス**の中でいちばん**背が高い）

 例 I can swim **(the) fastest of** the three.
 （私は3人**の中でいちばん**速く泳げる）

② **Which[Who]…＋(the＋)最上級＋in[of]〜？：**
 〜の中でどれ［誰］がいちばん…か？

 例 **Who** is **the youngest in** your family?
 （あなたの家族**の中で誰がいちばん**若い**ですか？**）
 Bob is (the youngest in my family). （ボブです）

③ **Which[Who]…＋(the＋)最上級，A, B or C?：**
 A、B、C の中でどれ［誰］がいちばん…か？

 例 **Which** is **the largest**, Tokyo, Osaka **or** Nagoya?
 （東京、大阪、名古屋**の中でどれがいちばん**大きい**ですか？**）
 Tokyo is (the largest of the three). （東京です）

形容詞の最上級には「**the**」をつけるのが基本ですが、
副詞の最上級には「**the**」をつけてもつけなくてもかまいません。

最上級の後の「**in**」と「**of**」は、次のように使い分けます。

ここだけは押さえよう！ 「in」と「of」の使い分け

① **in＋集合体を表す「単数名詞」**
- 例 **in** the class（そのクラス**の中で**）
- 例 **in** my family（私の家族**の中で**）
- 例 **in** our team（私たちのチーム**の中で**）
- 例 **in** Japan（日本**で**）
- 例 **in** the world（世界**で**）

② **of＋「all」「複数名詞」「数詞」**
- 例 **of** all（すべて**の中で**）
- 例 **of** all the boys（すべての少年**の中で**）
- 例 **of** the three（3人［つ］**の中で**）
- 例 **of** the three boys（3人の少年**の中で**）
- 例 **of** us（私たち**の中で**） ×of we

形容詞＆副詞＆比較＆感嘆文

STEP

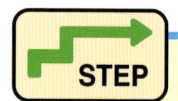

Key Sentence 44

Speak **more slowly**, please.

もっとゆっくりしゃべってください。

比較級・最上級の作り方

Point 59 ● 比較級・最上級の作り方

① 原級＋er / est

例 long（長い）⇒ **longer** ⇒ **longest**

② 「e」の語尾＋r / st

例 large（大きい）⇒ **larger** ⇒ **largest**

③ 「短母音＋子音字」の語尾 ⇒ 子音字を重ねて＋er / est

例 hot（熱い）⇒ **hotter** ⇒ **hottest**

④ 「子音字＋y」の語尾 ⇒「y」を「i」にかえて＋er / est

例 easy（やさしい）⇒ **easier** ⇒ **easiest**

⑤ 3音節以上の長い語（一部の2音節語）⇒more, most＋原級

例 difficult（難しい）⇒**more difficult** ⇒**most difficult**

例 famous（有名な）⇒ **more famous** ⇒ **most famous**

⑥ 「形容詞＋ly」の副詞⇒more, most＋原級

例 slowly（遅く）⇒ **more slowly** ⇒ **most slowly**

⑦ 不規則変化

例 good[well] ⇒ **better** ⇒ **best**

例 many[much] ⇒ **more** ⇒ **most**

「**more**」「**most**」をつけるのは、一般的には**つづりの長い語**です。
「**-ful**」「**-ive**」「**-ing**」「**-less**」などの語尾をもつ語も含まれます。

ここだけは押さえよう！ 「more」「most」をつける語

3音節以上	**beautiful**（美しい）	**expensive**（高価な）
	interesting（面白い）	**important**（重要な）
	popular（人気のある）	**difficult**（難しい）
2音節	**careful**（注意深い）	**careless**（不注意な）
	useful（役に立つ）	**honest**（正直な）

動詞の意味を強めるにはふつう「(very) much」を使いますが、
「**like**」の後に比較級・最上級がくると、
「much」の比較級（more）と最上級（most）ではなく、
「**well**」の比較級（**better**）と最上級（**best**）を使います。

- 例 I like tennis **very much**.（私はテニスが**とても**好きだ）
- 例 Which do you like **better**, tennis or baseball?［比較級］
  （テニスと野球では、**どちらのほうが**好きですか？）
  I like tennis **better** (than baseball).
  （テニス**のほうが**好きです）
- 例 What sport do you like **(the) best**? ［最上級］
  （あなたは何のスポーツが**いちばん**好きですか？）
  I like tennis **(the) best** (of all sports).
  （テニスが**いちばん**好きです）

形容詞＆副詞＆比較＆感嘆文 **123**

STEP

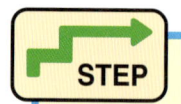

Key Sentence ㊺

What a beautiful sunset it is!
なんて美しい夕焼けだろう！

感嘆文の基本

Point 60 ● 感嘆文の基本

① **What**＋（**a[an]**）＋形容詞＋名詞＋主語＋動詞〜！
　例 He is a very tall boy.
　⇒ **What** a tall boy he is!（なんて背の高い少年なのだろう!)

② **How**＋形容詞［副詞］＋主語＋動詞〜！
　例 He is very tall.
　⇒ **How** tall he is!（なんて背が高いのだろう！）

【感嘆文と疑問文の見分け方】

感嘆文　「主語＋動詞」の語順＋文末に「！」
　　How tall **he is!**（彼はなんて背が高いのだろう！）

疑問文　「動詞＋主語」の語順＋文末に「？」
　　How tall **is he?**
　　（彼はどれくらいの背の高さですか？）

再確認しよう! 感嘆文の作り方

STEP1 平叙文の「very」を消す
STEP2 「very」の直後を見る
　①「形容詞＋名詞」の場合
　　⇒「What」の直後に「形容詞＋名詞」を置く
　②「形容詞［副詞］」のみの場合
　　⇒「How」の直後に「形容詞［副詞］」を置く
STEP3 文頭にある「主語＋動詞」を文末につける
（「主語＋動詞」は省略されることが多い）

5時間目

平叙文	He is a **very** tall boy.	He is **very** tall.
STEP1	He is a ( ) **tall boy**.	He is ( ) **tall**.
STEP2	**What a tall boy**〜!	**How tall**〜!
STEP3	What a tall boy **he is**!	How tall **he is**!
感嘆文	What a tall boy he is!	How tall he is!

形容詞＆副詞＆比較＆感嘆文

One Point Lesson ｢What〜!｣と｢How〜!｣の書きかえ

「**What**」と「**How**」ではじまる感嘆文は、
お互いに**書きかえ**ができる場合があります。
ただし、「**What**」の次には必ず「**形容詞＋名詞**」を続けてください。

① **What <u>a tall building</u>** that is!
（あれはなんて高い建物なのだろう！）
= **How <u>tall</u>** that building is!
（あの建物はなんて高いのだろう！）

② **What <u>a good swimmer</u>** he is!（上手な泳者）
= **How <u>well</u>** he swims !（彼はなんて上手に泳ぐのだろう！）

③ **What <u>a good tennis player</u>** he is!（上手なテニス選手）
= **How <u>well</u>** he plays tennis!
（彼はなんて上手にテニスをするのだろう！）
※「good」（形容詞）上手な、「well」（副詞）上手に

④ **What <u>a fast runner</u>** he is!（速い走者）
= **How fast** he runs!（彼はなんて速く走るのだろう！）
※「fast」（形容詞）速い、（副詞）速く

Questions & Answers

Q1：次の文の誤りを直してみましょう。

① I have little books.（ほとんどない）
② Are there much milk in the bottle?
③ She always is busy in the morning.
④ I don't have some pencils.

Q2：(　　) に適する語を入れ、英文を完成させましょう。

① Mary is(　)(　)(　)(　)Lucy.
（メアリーはルーシーほど背が高くない）
② Mt. Fuji is(　)(　)mountain(　)Japan.
（富士山は日本でいちばん高い山だ）
③ Which do you(　)(　), tea or coffee?
（あなたは紅茶とコーヒーでは、どちらのほうが好きですか？）

Q3：次の文を感嘆文に書きかえてみましょう。

① The flower is very beautiful.
② My sister made a very big cake.
③ It is a very fine day today.
④ You have a very interesting book.

形容詞＆副詞＆比較＆感嘆文

A1：

① **little → few**（訳：私は本をほとんど持っていない）

② **Are → Is**（訳：ビンの中にミルクがたくさんありますか？）

③ **always is → is always**（訳：彼女は朝はいつも忙しい）

④ **some → any**（訳：私は1本も鉛筆を持っていない）

A2：

① Mary is (**not**) (**as**) (**tall**) (**as**) Lucy.

② Mt. Fuji is (**the**) (**highest**) mountain (**in**) Japan.

③ Which do you (**like**) (**better**), tea or coffee?

A3：

① **How beautiful the flower is!**

（訳：その花はなんて美しいのだろう！）

② **What a big cake my sister made!**

（訳：私の妹はなんて大きなケーキを作ったのだろう！）

③ **What a fine day it is today!**

（訳：今日はなんて天気のよい日なのだろう！）

④ **What an interesting book you have!**

（訳：あなたはなんて面白い本を持っているのだろう！）

6時間目

ハートを伝える
疑問詞＆接続詞＆間接疑問文

「会話の基本」は質問から

会話のきっかけは、まず相手に話しかけることです。相手に何かをたずねたり、たずねられたり、ドライブに誘ったり、食事を勧めたり。

「疑問詞」をうまく使って、楽しい英会話にチャレンジしてみましょう。

HOP

Key Sentence ㊻

Where do you come from?
あなたはどこの出身ですか？

疑問詞ではじまる疑問文

Point 61 ● 疑問詞ではじまる疑問文

When（いつ？）	Where（どこで？）	Who（誰？）
What（何？）	Why（なぜ？）	How（どのように？）
Which（どちら？）	Whose（誰のもの？）	Whom（誰を？）
What＋名詞 （どんな～？）	Whose＋名詞 （誰の～？）	How＋形容詞 （どれくらい～？）

① **When[Where, What, Why, How, What＋名詞]
＋do[does, did]＋主語＋一般動詞の原形～?**：
いつ［どこで，何を，なぜ，どのように，どんな～を］～か？

② **Who[What, Why, How]＋be 動詞＋主語～?**：
～は誰［何，なぜ，どう］か？

③ **Who＋一般動詞の現在形［過去形］～?**：
誰が～か？

疑問詞ではじまる疑問文には**3つの基本形**があります。

①は「**do**」「**does**」「**did**」でふつうの一般動詞の疑問文を作り、
最後に疑問詞を文頭につければ完成します。

He lives **in London**. ［肯定文］

Does he live **in London**? ［疑問文］

Where does he live?　　　　　［疑問詞ではじまる疑問文］
（彼はどこに住んでいますか？）

---

③は疑問詞が主語になるので、
肯定文の主語の位置に「Who」を入れるだけで OK です。
「**Who**」は 3 人称単数扱いなので動詞には「**s[es]**」がつきます。

Mary plays the piano.　［肯定文］

Who plays the piano?　［疑問詞ではじまる疑問文］
（誰がピアノを弾きますか？）

疑問詞ではじまる疑問文に答えるときは「**Yes**」「**No**」は使いません。
「**When**」は「**時**」、「**Where**」は「**場所**」のように、
それぞれの疑問詞に対応する答えを述べる必要があるのです。

6時間目

疑問詞＆接続詞＆間接疑問文

HOP

Key Sentence ㊼

When will you come to see me?
あなたはいつ私に会いに来るつもりですか？

When, Where, Who, Whose

Point 62 ● When(いつ)ではじまる疑問文と答え方

例 A : **When** is your birthday?（あなたの誕生日は**いつ**ですか？）
B : It's April 5.（4月5日です）
例 A : **When** does he play tennis?（彼は**いつ**テニスをしますか？）
B : He plays tennis on Sunday.（日曜日にします）
例 A : **When** did you meet Lucy?（**いつ**ルーシーに会いましたか？）
B : I met her yesterday.（昨日会いました）

Point 63 ● Where(どこ)ではじまる疑問文と答え方

例 A : **Where** is the library?（図書館は**どこ**にありますか？）
B : It's in the park.（公園の中にあります）
例 A : **Where** is he swimming?（彼は**どこで**泳いでいますか？）
B : He is swimming in the pool.（彼はプールで泳いでいます）
例 A : **Where** do you live?（あなたは**どこに**住んでいますか？）
B : I live in London.（ロンドンに住んでいます）

Point 64 ● Who(誰)ではじまる疑問文と答え方

例 A : **Who** is that man?
　　（あの人は**誰**ですか？）[**名前・家族関係**]
　B : He is Mr. Smith.（彼はスミス氏です）
例 A : **Who** is in the kitchen?（台所に**誰が**いますか？）
　B : My mother is.（私の母です）
例 A : **Who** plays the piano?（**誰が**ピアノを弾きますか？）
　B : Mary does.（メアリーです）
例 A : **Who** came to see me yesterday?
　　（昨日**誰が**私に会いに来たのですか？）
　B : Bill did.（ビルです）
例 A : **Who[Whom]** are you looking for?
　　（**誰を**探していますか？）
　B : I'm looking for my father.（父を探しています）

Point 65 ● whose(誰の)ではじまる疑問文と答え方

例 A : **Whose book** is this?（これは**誰の本**ですか？）
　B : It is mine.（それは私のものです）
　※「Whose＋名詞（誰の〜）」
例 A : **Whose** is this book?（この本は**誰のもの**ですか？）
　B : It is mine.（それは私のものです）
　※この「Whose」は所有代名詞。

疑問詞＆接続詞＆間接疑問文

HOP

Key Sentence ㊽

What time is it now?
今、何時ですか？

What, Why, How, Which

Point 66 ● What(何)ではじまる疑問文と答え方

例 A : **What** is this?（これは**何**ですか？）
B : It's a lemon.（それはレモンです）

例 A : **What** is on the table?（テーブルの上に**何が**ありますか？）
B : There is a paper knife.（ペーパーナイフがあります）

例 A : **What** are you doing?（あなたは**何を**していますか？）
B : I'm cooking.（私は料理をしています）

例 A : **What** do you want?（あなたは**何が**ほしいですか？）
B : I want a camera.（カメラがほしいです）

例 A : **What** does your father do? 　**［職業をたずねる］**
（あなたのお父さんは**何を**していますか？）
B : He is a teacher.（先生です）

例 A : **What sports** do you like?（**どんなスポーツが**好きですか？）
B : I like baseball.（野球が好きです）
※「What＋名詞（どんな〜）」

例 A : **What time** did you get up this morning?
（あなたは今朝**何時に**起きましたか？）
B : I got up at six（o'clock）.（6時に起きました）

Point 67 ● Why(なぜ)ではじまる疑問文と答え方

例 A : **Why** is Tom absent today? [**理由**]
　　　(トムは**なぜ**今日休んでいるのですか？)
　　B : Because he is sick. (病気だからです)
例 A : **Why** did you go out?(**なぜ**出かけたのですか？) [**目的**]
　　B : To eat lunch. (昼食を食べるためです)

Point 68 ● How(どのように)ではじまる疑問文と答え方

例 A : **How** is your father? (お父さんは**お元気**ですか？)
　　B : He is fine, thank you. (ありがとう、元気です)
例 A : **How** did you come here?
　　　(ここへ**どうやって**来ましたか？)
　　B : I came here by bus. (バスで来ました)

Point 69 ● Which(どちら)ではじまる疑問文と答え方

例 A : **Which** do you like better, coffee or tea?
　　　(コーヒーと紅茶と**どちらが**お好みですか？)
　　B : I like coffee better. (コーヒーです)
例 A : **Which song** can you sing?
　　　(**どちらの歌が**歌えますか？)
　　B : I can sing this one. (私はこの歌が歌えます)

疑問詞＆接続詞＆間接疑問文　**135**

HOP

Key Sentence ㊾

How much is this?

これはいくらですか？

How＋形容詞

Point 70 ● How+形容詞(どれくらい)ではじまる疑問文と答え方

① **How many**：どれくらい（数）

例 A：**How many** cats do you have?

（あなたはネコを**何匹**飼っていますか？）

B：I have two (cats).（2匹飼っています）

② **How much**：いくら（金額）、どれくらい（量）

例 A：**How much** is this book?

（この本は**いくら**ですか？）

B：It's fifteen dollars.（15ドルです）

③ **How old**：いくつ（年齢）

例 A：**How old** are you?（あなたは**何歳**ですか？）

B：I'm twenty (years old).（20歳です）

④ **How tall**：どれくらい（身長）

例 A：**How tall** are you?（身長は**どれくらい**ですか？）

B：I'm five feet eight inches (tall).

（5フィート8インチです）

※1フィート＝約30.48cm。1インチ＝約2.54cm。
1フィート＝12インチ。

⑤ **How high**：どれくらい（高さ）
- 例 A：**How high** is that house?
   (あの家は**どれくらいの高さ**がありますか？)
   B：It's seventy feet (high). (70フィートです)

⑥ **How long**：どれくらい（長さ・期間）
- 例 A：**How long** is this river?
   (この川は**どれくらいの長さ**ですか？)
   B：It's about a hundred kilometers (long).
   (約100キロです)

⑦ **How far**：どれくらい（距離）
- 例 A：**How far** is it from here to the post office?
   (ここから郵便局まで**どれくらいの距離**ですか？)
   B：It's about 500 meters. (約500メートルです)

⑧ **How often**：どれくらい（頻度・回数）
- 例 A：**How often** do you see movies?
   (**どれくらい**映画を観ますか？)
   B：About twice a month. (月に2回ぐらいです)

Column

▶「バラ」のイメージは？

イングランドの国花である**バラ**。その美しさと香りから「**花の女王** (the queen of flowers)」と呼ばれています。

また、バラは「**純潔、美**」の**シンボル**であるとともに、しばしば「**人生の幸福・安楽**」にもたとえられます。

- 例 a bed of roses
   (安楽な暮らし［境遇］← バラの花びらを敷いた床)

疑問詞＆接続詞＆間接疑問文　137

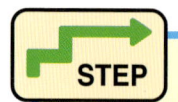

Key Sentence ㊿

She jogs **and** swims on Sunday.
彼女は日曜日にはジョギングと水泳をする。

等位接続詞

Point 71 ● 等位接続詞の働きと種類

|語・語句・文|＋接続詞＋|語・語句・文|

① **and**：**A と B、A そして B**
- 例 You **and** I are friends.（君**と**僕は友達だ）**[語＋語]**

② **but**：**A だが B、A しかし B**
- 例 Summer is hot , **but** winter is cold . **[文＋文]**
  （夏は暑い**が**、冬は寒い）

③ **or**：**A または B、A か B か**
- 例 Do you come to school by bus **or** by train ?
  [語句＋語句]
  （あなたは学校へバスで来ます**か**、電車で来ます**か**？）

④ **so**：**A それで B**
- 例 I was tired , **so** I went home early . **[文＋文]**
  （私は疲れた**ので**、早く家に帰った）

⑤ **for**：**A というのは B だから**
- 例 I don't want to go , **for** it is raining . **[文＋文]**
  （私は行きたくない、**というのは**雨が降っている**から**だ）

138

等位接続詞は、**「語と語」「語句と語句」「文と文」を対等の関係で結びつける語**です。
つまり、「語と文」「語句と文」「語と語句」などの異なる要素を結びつけることはありません。

> 対等
> 例 I bought [a camera] **and** [a watch] .
>   語   語   （カメラと時計を買った）

「and」や「or」を使って**3つ以上のものを並べる場合**は、
「A, B, C and[or] D」のように、
最後の語句の前にだけ「and」「or」を入れます。

> 例 black, white **and** yellow（黒と白と黄）
> 例 you, he **or** I（あなたか彼か私か）
> ※異なる人称の語句は「2人称→3人称→1人称」の順に並べる。

等位接続詞を含む文は**前から後へ順に訳します**。

STEP

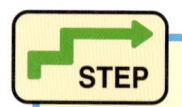

Key Sentence (51)

When I was young, I lived in N.Y.C.

若い頃、私はニューヨークに住んでいた。

従属接続詞

Point 72 ● 従属接続詞の働きと種類

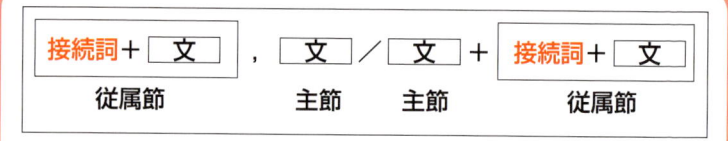

接続詞＋ 文	,	文	／	文	＋	接続詞＋ 文
従属節		主節		主節		従属節

① **when**：～とき［時］

例 **When** I visited her, she was playing the piano.
（私が彼女を訪ねた**とき**、彼女はピアノを弾いていた）

② **because**：～なので［原因・理由］

例 He was absent **because** he was sick.
（彼は病気だった**ので**、欠席した）

③ **if**：もし～なら［条件］

例 **If** it is fine tomorrow, I will go camping.
（**もし**明日天気がよけ**れば**、私はキャンプに行く）

④ **though**：～だけれども［譲歩］

例 **Though** Tom is poor, he is happy.
（トムは貧しい**けれども**幸せだ）
＝ Tom is poor, **but** he is happy.（トムは貧しい**が**幸せだ）

従属接続詞は、**文頭**と**文中**のどちらに置いてもかまいません。
ただし、**文頭に置く場合**は、接続詞を含む節（従属節）の終わりに
「**,（コンマ）**」を入れる必要があります。

> **例** When I visited her**,** she was playing the piano.
> ※コンマが必要
> = She was playing the piano **when** I visited her.
> ※コンマは不要

次の4つの語は、**接続詞**と**前置詞**の両方に使われます。
接続詞の後には「主語＋動詞」、前置詞の後には「名詞」が続きます。

ここだけは押さえよう！ 接続詞と前置詞の違い

① **before**：〜する前に
　（接続詞）Wash your hands **before** you eat.
　（前置詞）Wash your hands **before** eating.
　　（食事の**前には**手を洗いなさい）
② **after**：〜した後に
③ **since**：〜して以来
④ **till[until]**：〜するまで

従属接続詞を含む文は、**接続詞に続く部分から先に訳していきます**。
従属節が後にあるときも後から訳していくので注意しましょう。

疑問詞＆接続詞＆間接疑問文

Key Sentence ㊾

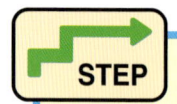

I'll give you something good **if** you close your eyes.

目を閉じてくれたら、いいものをあげるよ。

時・条件を表す副詞節

Point 73 ● 時・条件を表す副詞節

時・条件を表す副詞節では、未来のことでも現在時制を使う

①「時」を表す副詞節（〜するとき）
例 I will see her **when I go** to Tokyo next week .
　　　　　　　　　× will go
（来週東京へ行ったら、彼女に会うつもりだ）

②「条件」を表す副詞節（もし〜ならば）
例 I will go fishing **if it is** fine tomorrow .
　　　　　　　　× will be
（もし明日晴れたら、私は釣りに行くつもりだ）

「節」とは文中で「主語＋動詞」の形を備えている語群のことで、
「副詞」には動詞を修飾する働きがあるので（112ページ参照）、
「副詞節」というのは、副詞と同じ働きをして動詞を修飾する節です。
141ページで紹介した従属接続詞が作る節は、
主節との関係では従属節、動詞との関係では副詞節といいます。

同じ「時」を表すときは同じ「時制」を使うことを
「時制の一致」といいます（144ページ参照）。
その例外が「時」や「条件」を表す副詞節で、
この中では、未来のことでも現在時制を使います。

接続詞「when」「if」は、副詞節だけではなく名詞節も作ります。
「名詞」は主語・目的語・補語になる働きがあり、
「名詞節」も同じ働きをします。
名詞節の中では、未来のことは未来時制で表すので注意しましょう。

ここだけは押さえよう！ 「when」「if」が作る名詞節

① **when**：いつ〜するか
  例 I don't know **when** he will come.
  （私は彼が**いつ**来る**か**知らない）
② **if**：〜かどうか
  例 I don't know **if** he will come tomorrow.
  （私は彼が明日来る**かどうか**知らない）
※「when」「if」以下は「know」の目的語。

6時間目

疑問詞＆接続詞＆間接疑問文

One Point Lesson 接続詞 that と時制の一致

接続詞 **that** は**名詞節**を作ります。

以下の例で、**主節（I think）の時制が過去**（thought）になると、
従属節（that 以下）**の動詞・助動詞も過去形**になります。

（これを「時制の一致」といいます）

しかし、その動詞・助動詞の過去形は**日本語では過去で訳しません**。

現在形 I think that she lives in Paris.

過去形 I **thought** that she **lived** in Paris.
　　　　上：（私は彼女がパリに**住んでいる**と思う）
　　　　下：（私は彼女がパリに**住んでいる**と思った）
　　　　　　　　（×住んでいた）

現在形 I **think** that he **can** swim.

過去形 I **thought** that he **could** swim.
　　　　上：（私は彼は**泳げる**と思う）
　　　　下：（私は彼は**泳げる**と思った）
　　　　　　　　（×泳げた）

Column

▶「オインク」は何の鳴き声？

　動物の鳴き声を表す言葉を紹介しましょう。なかには、日本語とあまりにもかけ離れた鳴き声も見受けられます。

- BOWWOW（バウワウ）　　⇒ ワンワン（**犬**）
- MEW[MEOW]（ミュー）　　⇒ ニャー（**ネコ**）
- MOO（ムー）　　　　　　　⇒ モー（**牛**）
- BAA（バー）　　　　　　　⇒ メー（**羊**）
- OINK（オインク）　　　　　⇒ ブーブー（**豚**）
- NEIGH（ネイ）　　　　　　⇒ ヒヒーン（**馬**）
- SQUEAK（スクウィーク）　⇒ チューチュー（**ネズミ**）
- CAW（コー）　　　　　　　⇒ カー（**カラス**）
- QUACK（クワック）　　　　⇒ ガーガー（**アヒル**）
- COCK-A-DOODLE-DOO（カッカドゥードゥルドゥー）
　　　　　　　　　　　　　　⇒ コケコッコー（**おんどり**）

6時間目

疑問詞＆接続詞＆間接疑問文

STEP

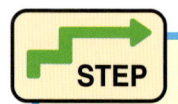

Key Sentence ㊳

I wonder **what** really happened.
本当に**何が**起きたのだろうか。

間接疑問文の基本

Point 74 ● 間接疑問文の基本

主語＋ | **know** / **wonder** など | ＋ 疑問詞 ＋主語（＋助動詞）＋動詞
～を知っている、～だろうか

疑 問 文　　Who is he?（彼は誰ですか？）

間接疑問文　I know **who** he is.（私は彼が**誰なのか**知っている）

主語＋ | **know** / **wonder** など | ＋ **if** ＋主語（＋助動詞）＋動詞
（～かどうか）知っている、～だろうか

疑 問 文　　**Is** he free?（彼はヒマですか？）

間接疑問文　I don't know **if** he is free.
（私は彼がヒマ**かどうか**知らない）

間接疑問文とは、疑問文が他の文の一部分になった形のことです。

---

① 疑問文　　　　　**When** will he come back?［未来］
　間接疑問文　I know **when** he will come back.
　　　　　　（彼が**いつ戻ってくるか**知っている）

② 疑問文　　　　　**What** are they studying?［現在進行形］
　間接疑問文　I know **what** they are studying.
　　　　　　（彼らが**何を勉強しているのか**知っている）

③ 疑問文　　　　　**Who** made this cake?［疑問詞が主語］
　間接疑問文　I know **who** made this cake.
　　　　　　（**誰がケーキを作った**のか知っている）

④ 疑問文　　　　　**What** is he doing?［時制の一致］
　間接疑問文　I **knew** **what** he **was** doing.
　　　　　　（彼が**何をしているのか**知っていた）

---

③のように**疑問詞が主語の場合**は、

間接疑問文になってもその**語順は変わりません**。

④は「knew（過去）」が疑問詞の前にきているので、

時制の一致で「was（過去）」になっただけです。

そのため、「しているのか」と**現在時制で訳します**（144ページ参照）。

疑問詞＆接続詞＆間接疑問文　**147**

One Point Lesson 疑問文と間接疑問文の書きかえ

再確認しよう! 疑問文 ⇒ 間接疑問文の作り方

STEP1 疑問詞があるときは最初の大文字を小文字にする。
疑問詞がないときは「**if**」を使う。
STEP2 「疑問詞」「**if**」以下を「主語＋動詞」の語順にする。
STEP3 文末の「?」の符号を「.(ピリオド)」にかえる。
STEP4 一般動詞で使われる「**do**」「**does**」「**did**」に注意して動詞の時制や3単現のsなどをつける。

① **do** ⇒ 動詞はそのまま
 疑問文　　　　　Where do you live?
 間接疑問文　I know where you live.（どこに住んでいるか）

② **does** ⇒ 動詞に「3単現のs」をつける（「**have**」は「**has**」に）
 疑問文　　　　　Where does she live?
 間接疑問文　I know where she lives.（どこに住んでいるか）

③ **did** ⇒ 動詞を過去形に
 疑問文　　　　　Where did you live?
 間接疑問文　I know where you lived.（どこに住んでいたか）

Questions & Answers

Q1: 次の文の（　　）に、「and」「but」「or」「so」「when」「if」「because」「though」のうち、適する接続詞を入れてみましょう。

① Dick can swim, （　） I can't swim.
② （　） you are busy, I will help you.
③ She went into the shop （　） soon came out.
④ Who is taller, Mary （　） Lucy?
⑤ I stayed home （　） I didn't feel well.
⑥ （　） father came home, I was studying.
⑦ It's very hot, （　） I want to swim.
⑧ （　） he was poor, he was very happy.

Q2: 次の2つの文を使って間接疑問文を作ってみましょう。

① I don't know.　When is his birthday?
② I know.　Who broke this dish?
③ I don't know.　Where does she live?
④ I wonder.　How did he come here?
⑤ I don't know.　Is he at home now?
⑥ I wonder.　Where has he gone?

A1：

① **but**（訳：ディックは泳げるが、私は泳げない）

② **If**（訳：もしあなたが忙しければ、私が手伝いましょう）

③ **and**（訳：彼女はその店に入り、すぐに出てきた）

④ **or**（訳：メアリーとルーシーと、どちらが背が高いですか？）

⑤ **because**（訳：私は気分がよくなかったので家にいた）

⑥ **When**（訳：父が家に帰って来たとき、私は勉強していた）

⑦ **so**（訳：とても暑いので、私は泳ぎたい）

⑧ **Though**（訳：彼は貧しかったけれども、とても幸せだった）

A2：

① **I don't know when his birthday is.**
（訳：私は彼の誕生日がいつなのか知らない）

② **I know who broke this dish.**
（訳：私は誰がこの皿を壊したのか知っている）

③ **I don't know where she lives.**
（訳：私は彼女がどこに住んでいるのか知らない）

④ **I wonder how he came here.**
（訳：彼はどうやってここに来たのだろうか）

⑤ **I don't know if he is at home now.**
（訳：私は彼が今家にいるかどうか知らない）

⑥ **I wonder where he has gone.**
（訳：彼はどこへ行ってしまったのだろうか）

1時間目

使える裏ワザ
受動態＆前置詞

これは使える！「前置詞表現」

　受動態では「～によって」という意味で使われる前置詞「by」。「by」の意味はこれ1つだけではありません。この他にも、10個以上の意味があるのです。

　使い方次第で、イキイキした文に変身する「前置詞」をここでは復習しましょう。

STEP

Key Sentence 54

This picture **was painted by** him.
この絵は彼によって描かれた。

受動態の肯定文

Point 75 ● 受動態の肯定文

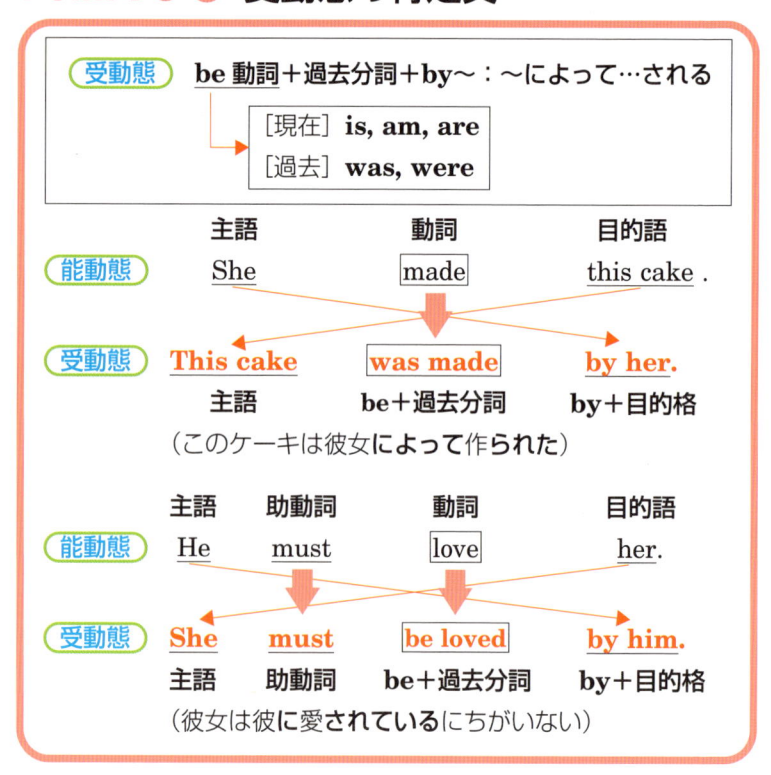

受動態 be 動詞＋過去分詞＋by〜：〜によって…される
- [現在] is, am, are
- [過去] was, were

	主語	動詞	目的語
能動態	She	made	this cake.

	主語	be＋過去分詞	by＋目的格
受動態	This cake	was made	by her.

（このケーキは彼女によって作られた）

	主語	助動詞	動詞	目的語
能動態	He	must	love	her.

	主語	助動詞	be＋過去分詞	by＋目的格
受動態	She	must	be loved	by him.

（彼女は彼に愛されているにちがいない）

再確認しよう！ 能動態から受動態へ

STEP1 能動態の「目的語」を「主語（人称代名詞は主格）」にする
（目的語のない文＝自動詞の文は受動態にできない）

STEP2 「現在」「過去」「未来」「助動詞の有無」を確認する
① 現在の場合　⇒ is[am, are]＋過去分詞
② 過去の場合　⇒ was[were]＋過去分詞
③ 未来の場合　⇒ will be＋過去分詞
④ 助動詞の場合 ⇒ can[may, must]be＋過去分詞

STEP3 「by＋能動態の主語（主格は目的格に）」にする

ここだけは押さえよう！ 「by＋行為者」の省略

① 漠然と一般の人々を表す場合
- 受動態　English **is spoken** in Australia.
（英語はオーストラリアで話されている）
- 能動態　**They** speak English in Australia.

② 前後関係から行為者が推測できる場合
- 受動態　Vegetables **are sold** at that shop.
（野菜はあの店で売られている）
- 能動態　**They** sell vegetables at that shop.

③ 行為者が不明の場合
- 受動態　The island **was discovered** in 1540.
（その島は1540年に発見された）

受動態＆前置詞

STEP

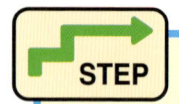

Key Sentence (55)

His proposal **wasn't accepted by** her.

彼のプロポーズは彼女に受け入れられなかった。

受動態の否定文・疑問文

Point 76 ● 受動態の否定文・疑問文

否定文 **be 動詞＋not＋過去分詞＋by～**：
～によって…されない

例 He **didn't** write this letter. [能動態の否定文]
⇒ He **wrote** this letter. [能動態の肯定文]
⇒ This letter **was written** by him. [受動態の肯定文]
⇒ This letter **wasn't written** by him. [受動態の否定文]
（この手紙は彼によって書かれなかった）

疑問文 **Be 動詞＋主語＋過去分詞＋by～?**：
～によって…されますか？

例 **Did** he write this letter? [能動態の疑問文]
⇒ He **wrote** this letter. [能動態の肯定文]
⇒ This letter **was written** by him. [受動態の肯定文]
⇒ **Was** this letter **written** by him? [受動態の疑問文]
（この手紙は彼によって書かれましたか？）

能動態の否定文・疑問文を受動態に書きかえるときは、
いったん肯定文に直してからやるほうが間違いが少なくなります。
疑問詞ではじまる場合もまとめておきましょう。

例 **When** **did** she make this cake? ［能動態の疑問文］

⇒ She **made** this cake. ［能動態の肯定文］

⇒ This cake **was made** by her. ［受動態の肯定文］

⇒ **Was** this cake **made** by her? ［受動態の疑問文］

⇒ **When** **was** this cake **made** by her?

［疑問詞ではじまる受動態］

（このケーキは彼女によって いつ 作られましたか？）

例 **What** **did** she make? ［能動態の疑問文］

⇒ She **made** **what** . ［能動態の肯定文］

⇒ **What** **was made** by her? ［疑問詞ではじまる受動態］

（ 何が 彼女によって作られましたか？）

例 **Who** made this cake? ［能動態の疑問文］

⇒ This cake **was made** by **whom** . ［受動態の肯定文］

⇒ **Was** this cake **made** by **whom** ? ［受動態の疑問文］

⇒ **By** **whom** **was** this cake **made**?

［疑問詞ではじまる受動態］

（このケーキは 誰 によって作られましたか？）

※口語では「Who was this cake made?」という。

7時間目

受動態＆前置詞 **155**

STEP

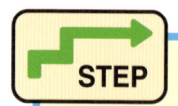

Key Sentence ㊶

This letter **was sent to** me by him.
この手紙は彼によって私に送られた。

目的語が2つある場合の受動態

Point 77 ● 目的語が2つある場合の受動態

> 目的語が2つある動詞（人に物を～する）の受動態は2通り
> ①「人」が主語 ⇒ 人＋be動詞＋過去分詞＋物
> ②「物」が主語 ⇒ 物＋be動詞＋過去分詞＋to[for]＋人

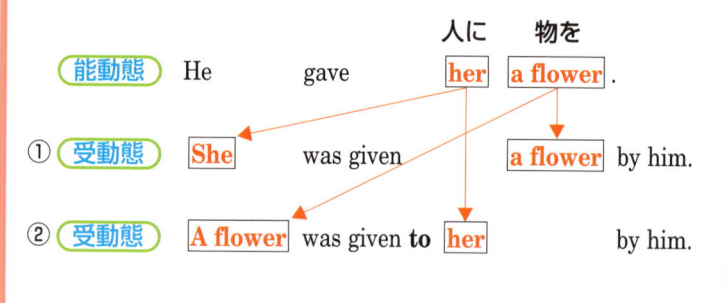

			人に	物を	
能動態	He	gave	her	a flower	.
① 受動態	She	was given		a flower	by him.
② 受動態	A flower	was given to	her		by him.

上：（彼は彼女に花をあげた）
中：（彼女は彼に花をもらった）
下：（花は彼によって彼女に贈られた）

「give」や「teach」などの**目的語を2つとる動詞**の場合、
それぞれの目的語を主語にして**2通りの受動態**が作れます。
「物」が主語の受動態では「人」の前に「to」か「for」がきます。
どちらの前置詞を使うかは、**動詞によって決まっています**。

Point 78 ●「to」と「for」の使い分け

「to」を使う動詞（動作の方向「～に向かって」）

give（与える）　lend（貸す）　teach（教える）
send（送る）　tell（話す）　show（見せる）

例　A letter **was sent** to him **by** me.
　　（手紙は私によって彼に送られた）

「for」を使う動詞（利益「～のために…してあげる」）

buy（買う）　　get（手に入れる）　make（作る）
cook（料理する）

例　This cake **was made** for me **by** my mother.
　　　　（このケーキは母によって私のために作られた）

「for」を使う動詞は、一般に「人」が主語の受動態を作れません。
「I was bought（私は買われた）」
「I was cooked（私は料理された）」となって不自然だからです。

受動態＆前置詞

STEP

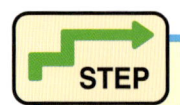

Key Sentence 57

I **am satisfied with** my own life.
私は自分自身の人生に満足している。

動詞句と by 以外の前置詞の受動態

Point 79 ● 動詞句の受動態

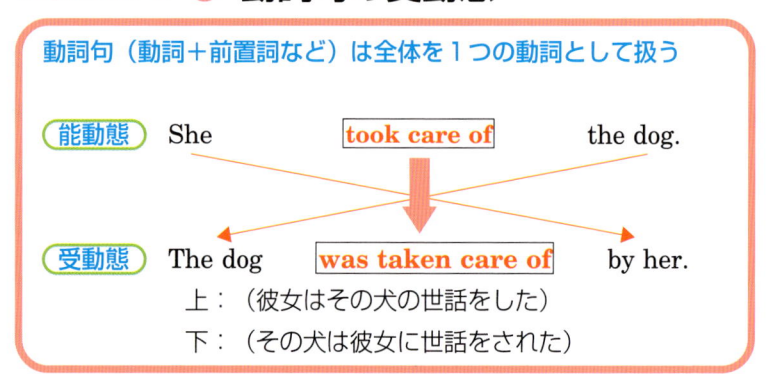

動詞句（動詞＋前置詞など）は全体を1つの動詞として扱う

- 能動態　She **took care of** the dog.
- 受動態　The dog **was taken care of** by her.

　上：（彼女はその犬の世話をした）
　下：（その犬は彼女に世話をされた）

動詞と前置詞などが結びついて他動詞の働きをする「動詞句」は、そのかたまりのまま受動態にします。バラバラにしてはいけません。

- 能動態　She **took care of** the dog.
- 受動態　The dog **was taken care of** by her.
  - ×was taken care by her （「of」が抜けている）
  - ×was taken care of her （「by」が抜けている）

「by」や「of」を忘れないためには、

2語や3語からなる動詞句も1語の単語扱いにすればいいのです。

たとえば「take care of」の場合、 take care of のように

全体を囲んでから受動態を作るようにします。そうすれば、

「of」を「take care」から離すような間違いはなくなります。

Point 80 ● by 以外の前置詞の受動態

① I **am interested** in music.
　（私は音楽**に興味を持っている**）
② Her name **is known** to everyone.
　（彼女の名前はみんな**に知られている**）
③ The top of the mountain **is covered** with snow.
　（その山の頂上は雪**でおおわれている**）
④ She **was surprised** at the news.
　（彼女はその知らせ**に驚いた**）
⑤ I **am satisfied** with my room.
　（私は自分の部屋**に満足している**）

行為者を表す「**by**（〜によって）」の代わりに、

「**in**」「**to**」「**at**」「**with**」などが**使われる場合**もあります。

これらは数が限られているので、**熟語**として押さえておきましょう。

Key Sentence ❺⑧

He goes to his office **on** foot.
彼は徒歩で通勤している。

前置詞の働き

Point 81 ● 前置詞の働きと使い方

名詞を修飾する（形容詞と同じ働き）
例 The house on the hill is mine.（**丘の上の**家は私のものだ）

動詞を修飾する（副詞と同じ働き）
例 The house stands on the hill .（その家は**丘の上に**ある）

前置詞の目的語は次の3通り

前置詞＋ ─ 名詞
　　　　 ─ 代名詞（目的格）
　　　　 ─ 動名詞（動詞の原形＋ing）

例 I go to school by bicycle.（私は**自転車で**学校へ行く）
例 I went shopping with her.（私は**彼女と**買い物に行った）
例 He is good at playing tennis.（彼はテニス**をするのが**上手だ）

前置詞は、「by bicycle」や「with her」など、
名詞の仲間（ 名詞 ・代 名詞 ・動 名詞 ）の前に置いて
名詞や動詞を修飾する修飾語句を作ります。

Column

▶イヌとネコは"犬猫の仲"？

犬とネコは英米でも、家族の一員として扱われる動物ですが、両者は仲が悪いものとされています。

犬は英米では「人間の最良の友（man's best friend）」といわれ、忠実の象徴とされています。しかし、鎖につながれる「みじめさ」が連想されるためか、「dog」という言葉の持つイメージは決してよくありません。

一方、ネコもイメージが悪く、特に黒猫は悪魔や魔女の手先として縁起の悪いものとされています。

- 例 lead a dog's life（みじめな生活を送る）
- 例 It's raining cats and dogs.（どしゃ降りの雨が降っている）

がんばって
イメージアップして
いこうね！

7時間目

受動態&前置詞

STEP

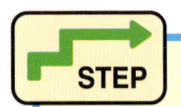

Key Sentence (59)

Let's meet **at** the park.

公園で会いましょう。

場所を表す前置詞

Point 82 ● 場所を表す前置詞

① **at**：～に、～で ［比較的狭い場所］

② **in**：～に、～で ［比較的広い場所］

例 I met her **at** the station.（私は駅**で**彼女に会った）

例 He lives **in** Tokyo.（彼は東京**に**住んでいる）

③ **on**：～に、～の上に ［表面への接触］ ※壁や天井なども含む。

例 There is a map **on** the wall.（壁**に**地図が掛けてある）

④ **over**：～の真上に［で］、～をおおって

⑤ **under**：～の真下に［で］

例 There's a bridge **over** the river.（川**に**橋がかかっている）

例 The cat is **under** the chair.（そのネコはいす**の下に**いる）

⑥ **above**：～より上に ［高低関係から見た上のほう］

⑦ **below**：～より下に ［高低関係から見た下のほう］

例 The moon rose **above** the mountain.（月が山**の上に**出た）

例 The sun set **below** the horizon.（太陽が地平線**の下に**沈んだ）

⑧ **by[beside]**：〜のそばに
⑨ **near**：〜の近くに
- 例 He sat **by** me.（彼は私**のそばに**座った）
- 例 There is a library **near** my house.（家**の近くに**図書館がある）

⑩ **between**：〜の間に［2つ［2人］の間］
⑪ **among**：〜の間［中］に［3つ［3人］以上の間］
- 例 The girl is standing **between** her parents.
  （その少女は両親**の間に**立っている）
- 例 The singer is very popular **among** young people.
  （その歌手は若者**の間で**とても人気がある）

⑫ **along**：〜に沿って
⑬ **across**：〜を横切って
⑭ **through**：〜を通り抜けて
- 例 I walked **along** the river.（私は川**に沿って**歩いた）
- 例 He went **across** the street.（彼は通り**を横切って**行った）
- 例 The river flows **through** our city.（その川は町**を流れている**）

⑮ **in front of**：〜の前に［で］
⑯ **behind**：〜の後ろに
- 例 He was waiting **in front of** the building.
  （彼はその建物**の前で**待っていた）
- 例 She stood **behind** me.（彼女は私**の後ろに**立った）

受動態＆前置詞

STEP

Key Sentence ⑥⓪

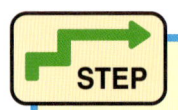

We go to shrines **on** January 1.
元旦に神社に行く。

時を表す前置詞

Point 83 ● 時を表す前置詞

① **at**：〜に ［時刻］
② **on**：〜に ［曜日・日付］
③ **in**：〜に ［年月・季節］

- 例 I get up **at** six every morning.（私は毎朝6時に起きる）
- 例 We go to church **on** Sunday(s).（日曜日に教会へ行く）
- 例 I will meet her **on** the afternoon of June 10.
  （6月10日の午後に彼女に会うつもりだ）
- 例 He came to Japan **in** 1995.（彼は1995年に日本へ来た）
- 例 He will leave Paris **in** May.（彼は5月にパリを出発する）
- 例 We swim **in** summer.（私たちは夏に泳ぐ）

④ **by**：〜までに ［動作・状態が完了する期限］
⑤ **till**：〜までずっと ［継続する動作・状態の終止点］

- 例 Can you finish it **by** tomorrow?
  （あなたはそれを明日までに終えられますか？）
- 例 Wait **till** tomorrow.（明日まで待ちなさい）

「**on**」はある「**特定の日時**」を表すときにも使われます。

---

in	May（5月に）	in	the morning（朝に）
↓	［＋3（3日）］	↓	［＋Sunday（日曜日の）］
on	May 3（5月3日に）	on	Sunday morning（日曜日の朝に）

「**曜日**」「**月**」「**朝・午後・夕方**」などを表す名詞の前に
「**this**」「**every**」「**next**」「**last**」などがつくと
前置詞は**省略**されます。

- 例 **on** Sunday（日曜日に） ⇒ **last** Sunday.（この前の日曜日に）
- 例 **in** January（1月に） ⇒ **every** January（毎年1月に）
- 例 **in** the morning（朝に） ⇒ **this** morning（今朝）

「**by**」と「**till**」は意味が紛らわしいので、使い方に注意が必要です。

---

by：「点」を表す
- 例 Come here **by** seven.（7時**までに**ここに来なさい）
  ※「7時までに」なので、7時以前であれば何時（どの時「点」）でもOK。

till：「線」を表す
- 例 Wait here **till** seven.（7時**まで**ここで待ちなさい）
  ※「7時までずっと」なので、途中で途切れてはダメ。つまり「線」。

受動態＆前置詞

STEP

Key Sentence ❻❶

Do you have a ticket **for** London?
ロンドン行きの航空券はありますか？

場所・時以外を表す前置詞

Point 84 ● 場所・時以外を表す前置詞

① **with**：〜で、〜と一緒に ［道具、同伴］
- 例 I cut the apple **with** a knife. (ナイフ**で**リンゴを切った)
- 例 Please come **with** me. (私**と一緒に**来てください)

② **without**：〜なしで
- 例 He went out **without** his hat. (彼は帽子をかぶら**ないで**出かけた)

③ **for**：〜のために ［利益］
- 例 Father bought a camera **for** me.
 (父は私**のために**カメラを買ってくれた)

④ **of**：〜の ［所有・所属］
- 例 This is a picture **of** my house. (これは私の家**の**写真だ)

⑤ **by**：〜で ［手段・方法］
- 例 I go to school **by** bus. (私はバス**で**通学している)

⑥ **about**：〜について
- 例 Please tell me **about** your family.
  （あなたの家族**について**話してください）

⑦ **as**：〜として
- 例 She is famous **as** a singer.（彼女は歌手**として**有名だ）

⑧ **in**：〜で、〜を着て [**手段・服装**]
- 例 Let's speak **in** English.（英語**で**話しましょう）
- 例 Sign your name **in** ink.（インク**で**署名しなさい）
- 例 Look at the girl **in** red.（赤い服**を着た**少女をご覧なさい）

⑨ **into**：〜の中へ [**外から中への動き**]
⑩ **out of**：〜から外へ [**中から外への動き**]
- 例 Tom jumped **into** the swimming pool.
  （トムはプール**の中へ**飛び込んだ）
- 例 She went **out of** the room.（彼女は部屋**から出て**行った）

⑪ **from**：〜から [**出発点**]
⑫ **to**：〜へ、〜まで [**到着点**]
⑬ **for**：〜に向けて [**行き先**]
- 例 They started **from** London.（彼らはロンドン**から**出発した）
- 例 We walked **to** the station.（私たちは駅**まで**歩いた）
- 例 Is this the train **for** Chicago?
  （これはシカゴ**行きの**列車ですか？）

受動態＆前置詞

One Point Lesson 期間を表す前置詞

Point 85 ● 期間を表す前置詞

① **in**：〜たてば、〜後に
② **within**：〜以内に
   例 I will be back **in** an hour．（私は１時間**後に**戻るつもりだ）
   ※「１時間たてば戻る」と時間の経過を表す。
   例 I will be back **within** an hour．
   （私は１時間**以内に**戻るつもりだ）
   ※「１時間を越えない範囲で」の意味。

③ **for**＋期間の長さを表す語句（数字を伴う名詞）：〜の間
④ **during**＋特定の期間を表す語句（単数名詞）：
   〜の間に、〜の間ずっと
   例 I lived in Paris **for** three years．（私はパリに３年**間**住んだ）
   例 I stayed in London **during** the summer．
   （私は夏**の間**ロンドンに滞在した）

Questions & Answers

Q1：次の文を受動態に書きかえてみましょう。

① Lucy bought a nice ring.
② Tom must read many books.
③ She doesn't like him.
④ They opened the doors at nine.
⑤ Mary looked after the children.
⑥ Do his parents love Tom?

Q2：次の文の（　　）に適する前置詞を入れてみましょう。

① I was born (　) December 25.
② He lives (　) Shibuya (　) Tokyo.
③ I stayed there (　) a month (　) the vacation.
④ Look at the picture (　) the wall.
⑤ Please wait (　) eight o'clock.
⑥ I'll be back (　) two hours. 〈2時間後に〉
⑦ Please write (　) a pen.
⑧ We go to school (　) bicycle.
⑨ He sat (　) the two girls. 〈～の間に〉
⑩ We can't live (　) air and water. 〈～なしで〉

受動態＆前置詞　169

A1：

① **A nice ring was bought by Lucy.**

（訳：すてきな指輪はルーシーによって買われた）

② **Many books must be read by Tom.**

（訳：たくさんの本がトムによって読まれなければならない）

③ **He isn't liked by her.** （訳：彼は彼女に好かれていない）

④ **The doors were opened at nine.** （訳：ドアは9時に開けられた）

⑤ **The children were looked after by Mary.**

（訳：子どもたちはメアリーに世話をされた）

⑥ **Is Tom loved by his parents?**

（訳：トムは彼の両親に愛されていますか？）

A2：

① **on** （訳：私は12月25日生まれです）

② **at, in** （訳：彼は東京の渋谷に住んでいる）

③ **for, during** （訳：私は休暇中1ヶ月間そこに滞在した）

④ **on** （訳：壁に掛けてある絵を見なさい）

⑤ **till** （訳：8時までずっと待ってください）

⑥ **in** （訳：私は2時間後に戻ってきます）

⑦ **with** （訳：ペンで書いてください）

⑧ **by** （訳：私たちは自転車で通学している）

⑨ **between** （訳：彼はその2人の少女の間に座った）

⑩ **without** （訳：私たちは空気と水なしでは生きられない）

8時間目

どこがどう違う？
不定詞＆動名詞

覚えていますか？「不定詞」と「動名詞」の違い

　みなさんは中学時代に「不定詞と動名詞は紛らわしい！」と思いませんでしたか？

　これは、両者の共通点と相違点が入りまじっているからです。いっそのこと、共通点がなければ簡単なのかもしれませんが…。

　両者の違いをわかりやすく説明しましたので、楽しみながら読み進んでください。

STEP

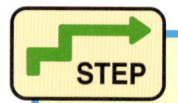

Key Sentence ㉢

To dance is a lot of fun.
踊るのはとても楽しい。

不定詞の働き

Point 86 ● 不定詞の働き

不定詞：to＋動詞の原形

① **名詞**と同じ働き：〜すること
- To ___ is ___.　　　［主語］
- 主語＋ is to ___ .　　　［補語］
- 主語＋動詞＋ to ___ .　　　［目的語］

② **副詞**と同じ働き：〜するために、〜して
- 動詞　　　　　　＋to ___　　［目的］
- 形容詞・過去分詞 ＋to ___　　［原因・理由］

③ **形容詞**と同じ働き：〜するための、〜すべき
- 名詞・代名詞　　＋to ___

不定詞は、主語や時制に関係なく、

「**to**」の後には常に「動詞の原形」が続きます。

> ○ I like **to play** tennis.（私はテニス**をするのが**好きだ）
> ○ He <u>likes</u> **to play** tennis.（彼はテニス**をするのが**好きだ）
> × He likes to <u>plays</u> tennis.
> ※主語が3人称単数でも「s」はつかない。
>
> ○ I <u>liked</u> **to play** tennis.（私はテニス**をするのが**好きだった）
> × I liked to <u>played</u> tennis.
> ※時制が過去でも「ed」はつかない。

1つの主語に対しては1つの述語動詞が原則です。

1つの文の中で2つの動詞の意味を表すためには、

述語動詞でないほうの動詞を不定詞にかえて表現します。

> **例** × My hobby is take pictures. ※動詞が2つある。
> ⇒ ○ My hobby **is** | to | **take** pictures.
>   （私の趣味は写真を撮ることです）
> **例** × I like play tennis. ※動詞が2つある。
> ⇒ ○ **I like** | to | **play** tennis.（私はテニスをするのが好きだ）

8時間目

不定詞＆動名詞 **173**

Key Sentence ❻❸

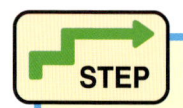

I want **to help** you.
君の手助けがしたい。

名詞と同じ働きをする不定詞

Point 87 ● 名詞と同じ働きをする不定詞

① 主語になる：〜することは
   例 English is easy.（英語はやさしい）［名詞が主語］
   To speak English is easy. ［不定詞が主語］
   （英語を話すことはやさしい）

② 補語になる：〜することです
   例 He is a student.（彼は学生です）［名詞が補語］
   His hobby is to take pictures. ［不定詞が補語］
   （彼の趣味は写真を撮ることです）

③ 目的語になる：〜することを
   例 I like English. ［名詞が目的語］
   （私は英語を好む→英語が好きだ）
   I like to speak English. ［不定詞が目的語］
   （私は英語を話すことを好む→英語を話すのが好きだ）

名詞と同じ3つの働きのうち、①の**不定詞が主語になる形**は、ふつうは、「**It**」を仮の主語として文頭に置き、「**to＋動詞の原形**」を後回しにします（184ページ参照）。

```
To speak English  is easy.

    It is easy  to speak English .
    仮の主語         真の主語
```

③の**不定詞が目的語になる形**には、次の動詞がよく使われます。

want to＋動詞の原形：〜したい　※〜することを欲する
like to＋動詞の原形：〜するのが好きだ　※〜することを好む
begin [start] to＋動詞の原形：〜しはじめる
　※〜することをはじめる

Column

▶**「WASP（ワスプ）」とは？**

「WASP（White Anglo-Saxon Protestant）」は、**アングロサクソン系の白人**で、**キリスト教のプロテスタント（新教）を宗派とする人々**のことです。アメリカへ初期に移民した人々の多くがこれに当たり、特に少数民族がアメリカ社会で大きな影響力を持つ**「白人中流階級」**を指して使う言葉です。

不定詞＆動名詞

STEP

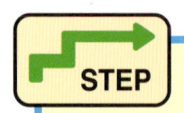

Key Sentence 64

I came here **to meet** you.
君に会うためにここに来た。

副詞と同じ働きをする不定詞

Point 88 ● 副詞と同じ働きをする不定詞

① **目的を表す：〜するために、〜しに**

例 I came home **to have lunch**. ［動詞を修飾］

（私は 昼食を食べるために 家に帰った）

② **原因・理由を表す：〜して**

例 I am glad **to see you**. ［形容詞を修飾］

（私は あなたに会えて うれしい）

例 I was surprised **to hear that**. ［過去分詞を修飾］

（私は それを聞いて 驚いた）

副詞に動詞や形容詞を修飾する働きがあるのと同じく、

不定詞も動詞や形容詞(過去分詞を含む)を修飾します。

副詞と同じ働きをする不定詞には、次の動詞がよく使われます。

> ① 目的を表す
>   go～to＋動詞の原形：～するために行く
>   come～to＋動詞の原形：～するために来る
> ② 原因・理由を表す
>   be glad[happy] to＋動詞の原形：～してうれしい
>   be sorry to＋動詞の原形：～して気の毒だ
>   be sad to＋動詞の原形：～して悲しい
>   be surprised to＋動詞の原形：～して驚く

8時間目

Column

▶「グリーン」の意外な意味とは？

「a green Christmas」とは、どんな意味でしょうか？

クリスマスの日に、庭にある**「クリスマスツリーが緑色の状態」**であることを想像してみてください。そうです、雪が降らないから緑色のままなのですね。答えは**「雪の降らないクリスマス」**です。

逆に、**「雪の積もったクリスマス」**はどうですか？

これは簡単ですね。世界中で親しまれ、愛唱されているクリスマス・ソングの代表曲「ホワイト・クリスマス」がありますから。「a white Christmas」が正解です。

不定詞＆動名詞

STEP

Key Sentence ㊺

I have a lot of work **to finish** by tomorrow.

明日までに終えるべき仕事がたくさんある。

形容詞と同じ働きをする不定詞

Point 89 ● 形容詞と同じ働きをする不定詞

名詞・代名詞を修飾する：〜するための、〜すべき
※修飾する名詞・代名詞の後に置かれる

例 I have a lot of work to do.

（私にはすべき仕事がたくさんある ← **するための** 仕事）

例 I want something to drink.

（私は何か飲み物がほしい ← **飲むための** 何か）

例 She has no chair to sit on.

（彼女には座るいすがない → **上に座るための** いすがない）

不定詞が後から名詞・代名詞を修飾しているときは、訳すときに「〜するための」や「〜すべき」を入れないほうが日本語として自然なことが多いので、注意してください。

「something」「nothing」などの「**〜thing**」は、例外的に形容詞が後から修飾する語なので（108ページ参照）、形容詞と不定詞を同時に使う場合は、次の語順になります。

---

① 　　I want something **cold** .　　　　　［形容詞］

　　（私は何か冷たい物がほしい ← 冷たい 何か）

② 　　I want something **to drink** .　　　［不定詞］

　　（私は何か飲み物がほしい ← 飲むための 何か）

①＋② I want something **cold** **to drink** . ［形容詞＋不定詞］

　　（私は**何か冷たい飲み物**がほしい）

不定詞＆動名詞

STEP

Key Sentence 66

He didn't know **what to** say.
彼は何を言ったらよいのかわからなかった。

疑問詞＋to＋動詞の原形

Point 90 ● 疑問詞＋to＋動詞の原形

① **how to**＋動詞の原形：〜のしかた、〜する方法
  - 例 I learned **how to** cook.（私は料理**のしかた**を習った）

② **what to**＋動詞の原形：何を〜したらよいか
  - 例 I don't know **what to** buy.
    （私は**何を**買ったらよいかわからない）

③ **which to**＋動詞の原形：どちらを〜したらよいか
  - 例 She didn't know **which to** choose.
    （彼女は**どちらを**選んだらよいかわからなかった）

④ **when to**＋動詞の原形：いつ〜したらよいか
  - 例 Please tell me **when to** start.
    （**いつ**出発**したらよいか**教えてください）

⑤ **where to**＋動詞の原形：どこへ［に／で］〜したらよいか
  - 例 Do you know **where to** take a bus?
    （あなたは**どこで**バスに**乗ればよいか**わかりますか？）

①の「**how to**」は「どうやって〜したらよいか」がもとの意味ですが、「**〜のしかた**」「**〜する方法**」と訳すほうが自然です。

> ① **how to** cook
>   (料理のしかた ← どうやって料理したらよいか)

②「**what to＋動詞の原形**」と③「**which to＋動詞の原形**」には、疑問詞の後に「**名詞**」が続く形もあります。

> ② I don't know **what** to buy.
>   [**what to＋動詞の原形**]
>   (私は**何を**買ったらよいかわからない)
>   I don't know **what** book to buy.
>   [**what＋名詞＋to＋動詞の原形**]
>   (私はどんな 本 を買ったらよいかわからない)
>
> ③ She didn't know **which** to choose.
>   [**which to＋動詞の原形**]
>   (彼女は**どちらを**選んだらよいかわからなかった)
>   She didn't know **which** bag to choose.
>   [**which＋名詞＋to＋動詞の原形**]
>   (彼女はどちらの バッグ を選んだらよいかわからなかった)

不定詞＆動名詞

STEP

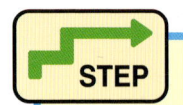

Key Sentence ㊻

I **want** you **to** help me.
君に手伝ってもらいたい。

動詞＋人＋to＋動詞の原形

Point 91 ● 動詞＋人＋to＋動詞の原形

① **want**＋人＋**to**＋動詞の原形：人に〜してもらいたい
  例 I **want** you **to** go there.
  （私は あなたに そこへ行って**もらいたい**）

② **tell**＋人＋**to**＋動詞の原形：人に〜するように言う
  例 He **told** me **to** sit down.
  （彼は 私に 座る**ように言った**）

③ **ask**＋人＋**to**＋動詞の原形：人に〜するように頼む
  例 She **asked** me **to** clean the room.
  （彼女は 私に 部屋を掃除**するように頼んだ**）

「動詞＋人＋to＋動詞の原形」の形で注意すべきなのは、

「人」の位置を間違えないことと、「to」を忘れないことです。

また、「人」が人称代名詞の場合は、

必ず「目的格」にすることも押さえておきましょう。

> ○ I want you to come with me.
> 　（私は あなたに 一緒に来てもらいたい）
> × I want to you come with me.　※「you」の位置が違う。
> × I want you come with me.　　※「to」が抜けている。

①の「want＋人＋to＋動詞の原形」では、

2つの文を比較して、違いを確認しておきましょう。

> ① I want　　　to go there.［**I go**＝私が行く］
> 　（私はそこへ行きたい）
>
> ② I want you to go there.［**You go**＝あなたが行く］
> 　（私は あなたに そこへ行ってもらいたい）

「そこへ行く」のは①では「私」ですが、②では「あなた」です。

つまり、②の「**want**」の後の「**you**」は

不定詞「**to go**」の意味上の主語になっているのです。

不定詞＆動名詞

STEP

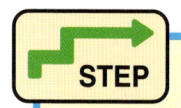

Key Sentence ❻❽

It is important for me to believe it.
私にはそれを信じることが重要だ。

It is+形容詞+for[of]+人+to+動詞の原形

Point 92 ● It is+形容詞+for[of]+人+to+動形の原形

① **It is+形容詞[名詞]+for+人+to+動詞の原形**：
〜するのは人には…である
- 例 **It is** easy **for** me **to** play the piano. **[形容詞]**
  （ピアノを弾く**のは**私**には**やさしい）
- ⇒ × I am easy to play the piano.（× 私は容易だ）
- 例 **It is** fun **for** me **to** play tennis. **[名詞]**
  （テニスをする**のは**私**には**面白い） ※「fun」(名)面白さ
- ⇒ × I am fun to play tennis.（× 私は面白い）

② **It is+形容詞+of+人+to+動詞の原形**：
〜するのは人には…である
- 例 **It is** kind **of** you **to** help me.
  （手伝ってくださってありがとう）
- ⇒ ○ You are kind to help me.（○ あなたは親切だ）

「**It is…to~**」は「**仮の主語=真の主語**」の形です(175ページ参照)。

> 例 **To play the piano** is easy.
> (ピアノを弾くことはやさしい)
> = **It** is easy **to play the piano**.
> ※「It=to play the piano」

この文の行為者をはっきり示したい場合、

不定詞の直前に「for [of] +人」を置きます。

これを**「不定詞の意味上の主語」**といいます。

①の「**It is…for 人 to~**」の形は、

「人が~するのは」と主格のように訳すことがあります。

その場合でも、「人」は主格ではなく必ず**「目的格」**を使います。

> 例 **It is** important **for** us **to** study English. (×for we)
> (英語を勉強することは私たちには重要です)
> = (私たちが英語を勉強するのは重要です)

「for」と「of」の**使い分け**はとても簡単で、

「of」の場合は「人」を主語にして書きかえることができます。

「kind(親切な)」など、**「人の性格」を表す形容詞の後**には

「of」がくると押さえておきましょう。

不定詞&動名詞

One Point Lesson 不定詞の書きかえ

不定詞を使った表現で、書きかえのできるものがいくつかあります。

① **know how to＋動詞の原形 ⇔ can＋動詞の原形**
  例 I **know how to** play the piano.
   （私はピアノの弾き**かたを知っている**）
  ⇔ I **can** play the piano.（私はピアノが弾ける）

② **what to＋動詞の原形**
  ⇔ what＋主語＋should＋動詞の原形
  例 I don't know **what to** buy.
   （私は**何を買ったらよいか**わからない）
  ⇔ I don't know **what I should** buy.
   （私は**何を買うべきか**わからない）

③ **Do you want me to＋動詞の原形？**
  ⇔ Shall I＋動詞の原形？
  例 **Do you want me to** open the window?
   （あなたは私に窓を開けてもらいたいですか？）
  ⇔ **Shall I** open the window?（窓を開けましょうか？）

④ **tell＋人＋to＋動詞の原形** ⇔ **say to＋人, "命令文"**
- 例 I **told** him **to** get up early.
  （私は彼に早く起きるように**言った**）
- ⇔ I **said to** him, "Get up early."
  （私は彼に「早く起きなさい」**と言った**）

⑤ **ask＋人＋to＋動詞の原形**
 ⇔ **say to＋人, "Please＋命令文"**
- 例 I **asked** her **to** help me.
  （私は彼女に手伝ってくれるように**頼んだ**）
- ⇔ I **said to** her, "**Please** help me."
  （私は彼女に「どうぞ手伝ってください」**と言った**）

⑥ **too＋形容詞＋to＋動詞の原形**
 ⇔ **so＋形容詞＋that＋主語＋can't＋動詞の原形**
- 例 I am **too** tired **to** walk.　　　　［現在形］
- ⇔ I am **so** tired **that** I **can't** walk.
  （私は**あまりに**疲れている**ので**歩け**ない**）

- 例 I was **too** tired **to** walk.　　　　［過去形］
- ⇔ I was **so** tired **that** I **couldn't** walk.　［時制の一致］
  （私は**あまりに**疲れていた**ので**歩け**なかった**）

不定詞＆動名詞　**187**

STEP

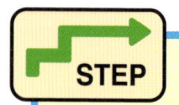

Key Sentence ㊽

She is fond of **watching** TV.
彼女はテレビを見ることが好きだ。

動名詞の働き

Point 93 ● 動名詞の働き

動名詞：動詞の原形＋ing（〜すること）
　　動詞の意味をもった名詞（名詞と同じ働き）

動詞	動名詞
go（行く）	go**ing**（行くこと）
play tennis（テニスをする）	play**ing** tennis（テニスをすること）

① 名詞と同じ働き：〜すること

　☐ ing is _____ .　　　［主語］
　主語＋ is ☐ ing.　　　［補語］
　主語＋動詞＋ ☐ ing.　　　［目的語］

② 前置詞の目的語になる

　前置詞＋ ☐ ing　［前置詞の目的語］

日本語では「動詞の語尾（〜する）＋こと」で名詞化しますが、
英語では「動詞の原形＋ing」の形で動名詞を作ります。

①の３つの働きは不定詞と共通です。
この場合は、一部の例外（190ページ参照）を除いて、
「不定詞⇔動名詞」の関係が成り立ちます。

主語になる：〜することは
- 不定詞　　**To speak English** is easy.
- 動名詞　　**Speaking English** is easy.
　　　　　（英語を話すことはやさしい）

補語になる：〜することです
- 不定詞　　His hobby is **to take pictures**.
- 動名詞　　His hobby is **taking pictures**.
　　　　　（彼の趣味は写真を撮ることです）

目的語になる：〜することを
- 不定詞　　I like **to speak English**.
- 動名詞　　I like **speaking English**.
　　　　　（英語を話すのが好きだ ← 英語を話すことを好む）

---

②の「前置詞の目的語」になるのは動名詞だけです。
前置詞の後には必ず「名詞［代名詞］」がくるので、
前置詞の直後に動詞を置く場合、「動名詞」にかえる必要があります。

不定詞＆動名詞

STEP

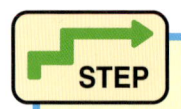

Key Sentence ⓻⓪

We **enjoyed having** dinner.
私たちは夕食を楽しんだ。

動名詞と不定詞を目的語にとる動詞

Point 94 ● 動名詞と不定詞を目的語にとる動詞

① **動名詞だけを目的語にとる動詞：**
enjoy, finish, mind など
- 例 I **enjoyed** play**ing** tennis.（私はテニスをして**楽しんだ**）
- 例 I **finished** read**ing** the book.（私はその本を読み**終えた**）
- 例 Do you **mind** help**ing** me?（手伝ってくれませんか？）

② **不定詞だけを目的語にとる動詞：**
want, wish, hope, decide など
- 例 I **want to** swim.（私は泳ぎ**たい**）
- 例 He **decided to** be a doctor.（彼は医者になろうと**決めた**）

③ **動名詞と不定詞の両方を目的語にとる動詞：**
like, love, begin, start など
- 例 I **like** sing**ing** [**to** sing].（私は歌うのが**好きだ**）
- 例 He **began** runn**ing** [**to** run].（彼は走り**はじめた**）
- 例 It **started** snow**ing** [**to** snow].（雪が降り**はじめた**）

Point 95 ● 動名詞と不定詞で意味が異なる動詞

① **stop〜ing**：〜することをやめる
stop to〜：〜するために立ち止まる　※目的を表す不定詞
- 例 He **stopped** smok**ing**.
 （たばこを吸う**のをやめた**）
- 例 He **stopped to** smoke.
 （たばこを吸う**ために立ち止まった**）

② **remember〜ing**：過去に〜したことを覚えている
remember to〜：未来に〜することを覚えている
　　　　　　　　　忘れずに〜する
- 例 I **remember** see**ing** him.
 （彼に会っ**たことを覚えている**）
- 例 **Remember to** mail this letter.
 （**忘れずに**この手紙を出しなさい）

③ **forget〜ing**：過去に〜したことを忘れる
forget to〜：未来に〜することを忘れる
- 例 I won't **forget** see**ing** you here.
 （私はここであなたに会った**ことを忘れ**ないだろう）
- 例 Don't **forget to** mail this letter.
 （**忘れずに**この手紙を出しなさい）

Point 95の②③は、どちらも
動名詞＝過去にすでに行われた行為を「覚えている・忘れる」
不定詞＝まだ行われていない行為を「覚えている・忘れる」
という意味です。

不定詞＆動名詞　**191**

STEP

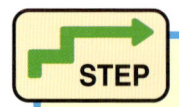

Key Sentence ㊆

He likes playing[to play] tennis.
彼はテニスをすることが好きだ。

不定詞と動名詞の比較

Point 96 ● 不定詞と動名詞の比較

不定詞（to＋動詞の原形）	動名詞（動詞の原形＋ing）
① 名詞としての働き（〜すること） (1) 主語になる 　**To speak** English is easy. 　（英語を話すことはやさしい） (2) 補語になる 　My hobby is **to take** pictures. 　（私の趣味は写真を撮ることです） (3) 目的語になる 　**共通の動詞**：like, love, begin, start 　I like **to speak** English. 　（私は英語を話すのが好きだ） 　**異なる動詞**：want, wish, hope, decide 　I **want to speak** English. 　（私は英語を話したい）	① 名詞としての働き（〜すること） (1) 主語になる 　**Speaking** English is easy. 　（英語を話すことはやさしい） (2) 補語になる 　My hobby is **taking** pictures. 　（私の趣味は写真を撮ることです） (3) 目的語になる 　**共通の動詞**：like, love, begin, start 　I like **speaking** English. 　（私は英語を話すのが好きだ） 　**異なる動詞**：enjoy, finish, mind 　I **enjoyed playing** tennis. 　（私はテニスをして楽しんだ）
② 副詞としての働き (1) 目的を表す（〜するために） (2) 原因・理由を表す（〜して） ③ 形容詞としての働き （〜するための）	② 前置詞の目的語になる （前置詞の後に置く） 　I am fond **of speaking** English. 　（私は英語を話すのが好きだ）

再確認しよう! 不定詞・動名詞の共通点と相違点

① 共通点（書きかえ可能）
　主語になる
　補語になる
　目的語になる（**like, love, begin, start** の場合）
② 不定詞のみ
　目的語になる（**want, wish, hope, decide** の場合）
　副詞としての働き（目的、原因・理由）
　形容詞としての働き
③ 動名詞のみ
　目的語になる（**enjoy, finish, mind** の場合）
　前置詞の目的語になる

8時間目

Point 97 ● 動名詞と進行形の見分け方

(動名詞) My hobby **is taking** pictures.［補語］
　　　（私の趣味は写真を**撮ること**です）
　　　[私の趣味＝写真を撮ること]
　　　※補語の場合は「主語＝補語（動名詞）」が成り立つ。

(進行形) My brother **is taking** pictures.
　　　（私の兄は写真を**撮っています**）
　　　[私の兄≠写真を撮ること]
　　　※補語ではないので「＝」にならない。

不定詞＆動名詞

One Point Lesson 動名詞の書きかえ

① 「不定詞」⇔「動名詞」
   例 **It** is easy for me **to play the piano**.
   ⇔ **To play the piano** is easy for me.
   ⇔ **Playing the piano** is easy for me.
   （ピアノを弾くことは私にはやさしい）

② 「like」⇔「be fond of~ing」
   例 He **likes to** play tennis.
   ⇔ He **likes** play**ing** tennis.
   ⇔ He **is fond of** play**ing** tennis.
   （彼はテニスをするのが好きだ）

③ 「(can＋) 動詞＋well」⇔「be good at~ing」
   例 She **can swim well**.（彼女は上手に泳げる）
   ⇔ She **is good at** swim**ming**.（彼女は泳ぐのが上手だ）

Questions & Answers

Q1：次の語を並べかえ、日本文に合う英文を作ってみましょう。

① how, swim, want, to, I, learn, to（私は泳ぎ方を習いたい）
② to, Give, something, me, eat（私に何か食べる物をください）
③ fun, baseball, play, It, to, is（野球をするのは面白い）
④ too, to, is, He, work, old
   （彼はあまりに年をとっているので働けない）
⑤ told, the, clean, me, room, to, Mother
   （母は私に部屋を掃除するように言った）
⑥ live, house, has, to, no, in, He（彼には住む家がない）

Q2：（　　　）内から適する語を選んでみましょう。

① We enjoyed（to dance, dancing）.
② Do you want（to see, seeing）her?
③ He likes（to plays, playing）baseball.
④ I have no time（to have, having）lunch.
⑤ She is good at（speak, speaking）English.
⑥ I came here（to play, playing）tennis.
⑦ Did you finish（to read, reading）the book?
⑧ Do you mind（to give, giving）me your name?

A1:

① **I want to learn how to swim.**

② **Give me something to eat.**

③ **It is fun to play baseball.**

④ **He is too old to work.**

⑤ **Mother told me to clean the room.**

⑥ **He has no house to live in.**

A2:

① **dancing**（訳：私たちはダンスをして楽しんだ）

② **to see**（訳：あなたは彼女に会いたいですか？）

③ **playing**（訳：彼は野球をするのが好きだ）

④ **to have**（訳：私は昼食を食べる時間がない）

⑤ **speaking**（訳：彼女は英語を話すのが上手だ）

⑥ **to play**（訳：私はテニスをするためにここへ来た）

⑦ **reading**（訳：あなたはその本を読み終えましたか？）

⑧ **giving**（訳：あなたの名前を教えてくれませんか？）

9 時間目

時の過ぎ行くままに
現在完了

（吹き出し）そのわりには上手くないよね

（吹き出し）ワシは60年間英語を学んでおる！

「過去」でもない「現在」でもない

「過去」でも「現在」でもない、不思議な時制の「現在完了」。

会話をしたり文を書く場合、過去から現在までの動作・状態を表現することはよくあります。一度使い慣れてしまえば、現在完了ほど便利な表現法はありません。

JUMP

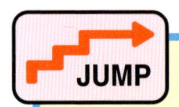

Key Sentence ㊆

I **have lived** in L.A. **for** a year.
私は1年間ロサンゼルスに住んでいる。

現在完了の肯定文

Point 98 ● 現在完了の肯定文

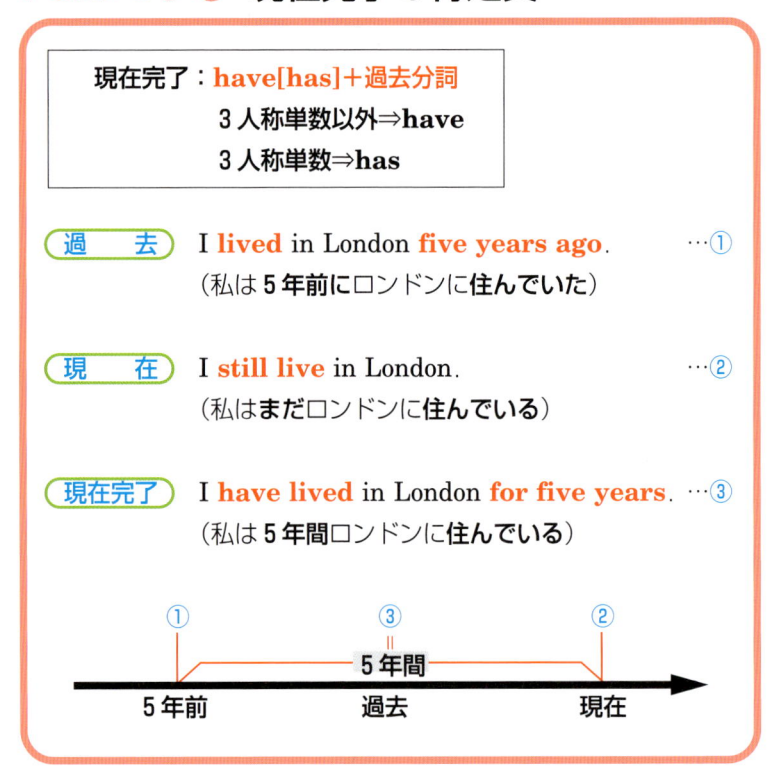

現在完了：**have[has]＋過去分詞**
　　　　3人称単数以外⇒**have**
　　　　3人称単数⇒**has**

過　去　　I **lived** in London **five years ago**.　…①
　　　　　（私は5年前にロンドンに住んでいた）

現　在　　I **still live** in London.　…②
　　　　　（私はまだロンドンに住んでいる）

現在完了　I **have lived** in London **for five years**. …③
　　　　　（私は5年間ロンドンに住んでいる）

```
   ①              ③              ②
   |         ┌── 5年間 ──┐        |
───┴───────────────────────────────┴───▶
  5年前          過去            現在
```

198

現在完了は、「**過去のある動作・状態が現在に続いている**」ことを表します。つまり、「過去の事実」を述べながら**視点はあくまで「現在」に置いた現在中心の表現**です。
「過去」と「現在完了」の違いを、左の例文を使って説明します。

> 過　　去　　「5年前にロンドンに住んでいた」という「**過去の事実**」だけを述べていて、「**現在」のことには触れていない**。今もロンドンに住んでいるのか、他の場所に引っ越してしまったのか、この文だけではわからない。

> 現在完了　　「5年前にロンドンに住んでいた」という「**5年前の状態**」が「**現在まで続いている**」ことを述べている。5年前にロンドンに住みはじめて、今も引き続き同じ場所に住んでいることがわかる。

ここだけは押さえよう！ have[has]を使った短縮形

have の短縮形
例 I have ⇒ I've　　　You have ⇒ You've
　　We have ⇒ We've　　They have ⇒ They've

has の短縮形
例 He has ⇒ He's　　　She has ⇒ She's
　　It has ⇒ It's

JUMP

Key Sentence ❼❸

Have you ever read this novel?
あなたはこの小説を読んだことがありますか？

現在完了の否定文・疑問文

Point 99 ● 現在完了の否定文・疑問文

否定文　have[has]＋not＋過去分詞　※「not」を入れるだけ

例　I **have not[haven't]** written to her for a year.
（私は1年間彼女に手紙を**書いていない**）

疑問文　Have[Has]＋主語＋過去分詞？

※「Have[Has]」を文頭に出す
⇒Yes, 主語＋**have[has]**.
⇒No, 主語＋**haven't[hasn't]**.

例　**Have** you ever **lived** in Hokkaido?
（あなたは北海道に**住んだことがありますか？**）
Yes, I have.
（はい、あります）
No, I haven't.
（いいえ、ありません）

現在完了でも**「have」と「has」は主語によって使い分けますが**、この「have[has]」は「〜を持っている」という動詞ではなく、**助動詞なので、否定文や疑問文で「do」「does」は使われません。**
「can」や「may」が主語の前に出て、
「Can I〜？」「May I〜？」になるのと同じことです。

否定文
○I **haven't written**〜　（×I don't have written〜）
○He **hasn't written**〜　（×He doesn't have written〜）

疑問文
○**Have** you **written**〜？　（×Do you have written〜？）
○**Has** he **written**〜？　（×Does he have written〜？）

Column

▶「空手」には「play」を使えない？

英語で**スポーツを「する」**は、3つの動詞を使って表します。

① play（球技）
　例　play tennis[baseball/soccer]（テニス[野球/サッカー]をする）
② practice（武道・格闘技）
　例　practice judo[kendo/karate]（柔道[剣道/空手]をする）
③ **それぞれの動詞1語**（体を動かすのを楽しむ運動）
　例　ski（スキーをする）
　　　skate（スケートをする）
　　　bowl（ボウリングをする）

JUMP

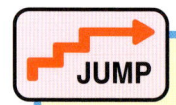

Key Sentence ❼

She **hasn't seen** him **since** 1970.
彼女は1970年**以来**、彼に**会っていない**。

現在完了の継続

Point 100 ● 現在完了の継続

> **継続** 過去のある時点から現在まで同じ状態が続いている
> （今まで）ずっと〜している［〜だ］

① **have[has]＋過去分詞＋for〜**：〜の間ずっと…している

例 I **haven't seen** him **for** a long time.
（私は彼に長い**間会っていない**）　※今も会っていない。

② **have[has]＋過去分詞＋since〜**：〜以来ずっと…している

例 He **has lived** here **since** 1995.
（彼は1995年**から**ここに**住んでいる**）　※今も住んでいる。

③ **How long have[has]＋主語＋過去分詞？**：
どのくらい…しているのですか？

例 **How long have you been** in Japan? ※今も日本にいる。
（あなたは日本に**どのくらいいるのですか？**）
For two years.（２年間です）
Since last year.（昨年**から**です）

現在完了の「継続」で間違えやすいのは、
「for」と「since」の使い分けです。
しかし、次のように考えれば決して迷うことはありません。

Point 101 ● 「for」と「since」の使い分け

for＋ある特定の期間（〜の間）
- 例 **for** three years（3年**間**）
- 例 **for** a long time（長い**間**）

since＋過去の具体的な時点（〜以来、〜から）
- 例 **since** yesterday（昨日**から**）
- 例 **since** last year（昨年**から**）
- 例 **since** I came here（ここへ来て**から**）

　※主語＋動詞（過去形）（〜して以来、〜してから）の形でも使われる。

> **「for」と「since」のどちらを使うか迷ったら両方を入れてみる**
> ① **I haven't seen** her for three years.
> 　（私は彼女に3年**間**会っていない）
> 　※「since」を入れると「3年から」となり意味不明。
> ② **I haven't seen** her since 1990.
> 　（私は彼女に1990年**から**会っていない）
> 　※「for」を入れると「1990年間」となり意味不明。

9時間目

現在完了

JUMP

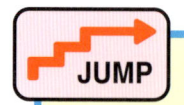

Key Sentence 75

I **have been to** Australia many times.
私は何度もオーストラリアに行ったことがある。

現在完了の経験

Point 102 ● 現在完了の経験

> **経験** 過去から現在までの経験を表す
> （今までに）〜したことがある

① **have[has] been to〜**：〜へ行ったことがある
　例 I **have been to** Europe twice.
　　（私は2回ヨーロッパ**へ**行った**ことがある**）
② **have[has] never＋過去分詞**：1度も…したことがない
　例 I **have never** read such an interesting story.
　　（私はこんな面白い話は**1度も**読んだ**ことがない**）
③ **Have[Has]＋主語＋ever＋過去分詞?**：
　（今までに）…したことがありますか？
　例 **Have you ever** seen a panda?
　　（パンダを見**たことがありますか？**）
④ **How many times have[has]＋主語＋過去分詞?**：
　（何回…したことがありますか？）
　例 **How many times have you** been to Paris?
　　（あなたは**何回**パリへ行っ**たことがありますか？**）

「経験」も、「継続」と同じく「現在の立場」から述べています。

> 過去　I **went** to Europe last year.（行った）
> ※昨年、ヨーロッパへ行ったという「**過去の事実**」だけを述べている。
>
> 経験　I **have been to** Europe twice.（行ったことがある）
> ※過去から現在の間に2回もヨーロッパへ行った経験のある今の自分を誇っている感じ。

③と④の答え方には、次のようなものがあります。

> ③ Yes, I have.（はい、あります）
> No, I haven't.（いいえ、ありません）
> No, I never have.（いいえ、1度もありません）
> ※「never」は、短い形で答えるときは「have」の直前に置く。
> ④ I've been there once.（1回あります）

Point 103 ● 経験でよく使われる語句

> 例　**never**（1度も〜しない）　　**ever**（今までに、かつて）
> **before**（以前に）　　　　　　**often**（しばしば）
> **once**（1回）　　　　　　　　**twice**（2回）
> **〜times**（〜回）　　　　　　**many times**（何回も）

現在完了　205

Key Sentence ❼⓺
She **hasn't** given up **yet**.
彼女はまだあきらめていない。

現在完了の完了

Point 104 ● 現在完了の完了

> 完了 動作がたった今、完了したことを表す
> （今）〜したところだ、〜してしまった

① **have[has] just**＋過去分詞：ちょうど…したところだ
　例 I **have just** washed the car.
　（**ちょうど**車を洗った**ところだ**）

② **have[has] already**＋過去分詞：もう…してしまった
　例 I **have already** washed the car.
　（**もう**車を洗っ**てしまった**）

③ **have[has] not**＋過去分詞＋**yet**：まだ〜していない
　例 I **haven't** washed the car **yet**.
　（**まだ**車を洗っ**ていない**）

④ **Have[Has]**＋主語＋過去分詞＋**yet?**：
　もう〜してしまいましたか？
　例 **Have** you washed the car **yet?**
　（あなたは**もう**車を洗っ**てしまいましたか？**）

「完了」も、視点はあくまで「現在」に置いています。

> (過去) I **washed** the car yesterday.（洗った）
> ※昨日、車を洗ったという「**過去の事実**」だけを述べている。今日は、また汚れているかもしれない。
>
> (完了) I **have just washed** the car.（ちょうど洗ったところだ）
> ※車を洗うという動作が「**たった今完了した**」ことを表している。今、車はピカピカに光っている状態である。

「yet」は③の否定文では「まだ」、④の疑問文では「もう」の意味で、どちらも文末に置きます。

Column

▶「犬の芸」イロイロ

犬の芸は「tricks」といいますが、**犬に命令するときの言い方**には次のようなものがあります。犬を飼っている方は、ぜひ試してみてください。きっと、"国際犬？"になるはずです。

- Shake! ［シェイク］　　（**お手！**）
- Sit! ［スィットゥ］　　（**おすわり！**）
- Beg! ［ベッグ］　　（**ちんちん！**）
- Down! ［ダウン］　　（**伏せ！**）
- Stay! ［ステイ］　　（**おあずけ！**）

現在完了

JUMP

Key Sentence 77

He **has gone** to his hometown.
彼は生まれた町へ帰ってしまった。

現在完了の結果

Point 105 ● 現在完了の結果

結 果　過去の動作の「結果」が現在も残っていることを表す
　　　　〜してしまった（その結果、今は）〜である

過 去　She **went** to Paris.（彼女はパリへ行った）
　　　　　　　　　　　　　　　　　　　　[過去の事実]

現 在　She **isn't** here **now**.（彼女は**今ここにいない**）
　　　　　　　　　　　　　　　　　　　　[現在の状態]

結 果　She **has gone** to Paris.
　　　　（彼女はパリへ**行ってしまった**）
　　　　⇒（そして、今ここにいない）

「結果」についても、「現在」に関する意味が含まれています。

> 過去　She **went** to Paris.（行った）
> ※過去のある時点でパリへ行ったという「**過去の事実**」を述べただけで、**現在のことには触れていない**。今は日本に帰っているかもしれないし、帰っていないかもしれない。
>
> 結果　She **has gone** to Paris.（行ってしまい、今ここにいない）
> ※パリへ行った「**結果**」として、現在「**ここにいない**」という意味が含まれている。

他にも例をあげておきますので、意味の違いを確認してください。

> 過去　She **became** a nurse.
> （彼女は看護師になったが、今はやめているかもしれない）
> 結果　She **has become** a nurse.
> （彼女は看護師になって、**今も看護師を続けている**）
>
> 過去　I **lost** my watch.
> （時計をなくしたが、今は見つかっているかもしれない）
> 結果　I **have lost** my watch.
> （時計をなくしてしまって、**今も見つからず手元にない**）

現在完了

JUMP

Key Sentence ⑱
I've been in Hong Kong before.
私は以前、香港にいたことがある。

現在完了の紛らわしい表現

Point 106 ● 現在完了の紛らわしい表現

① **have[has] gone to～**

- 結果　～へ行ってしまった ⇒ 今ここにいない
- 例　She **has gone to** London.
  （彼女はロンドン**へ行ってしまった** ⇒ 今ここにいない）

② **have[has] been to～**

- 経験　～へ行ったことがある
- 例　I **have been to** London.（ロンドン**へ行ったことがある**）
- 完了　～へ行ってきたところだ
- 例　I **have been to** the station.（駅**へ行ってきたところだ**）

③ **have[has] been in～**

- 継続　ずっと～にいる
- 例　I **have been in** Paris for five years.
  （5年間**ずっとパリにいる**）
- 経験　～にいたことがある
- 例　I **have been in** Canada before.
  （以前カナダ**にいたことがある**）

①の「**have[has] gone to**」は「〜へ行ってしまって、今ここにいない」という「結果」の意味ですが、**アメリカ英語**では「〜へ行ったことがある」という「経験」を表す場合もあります。

②の「**have[has] been to**」が「経験」と「完了」のどちらの意味なのかは、**前後関係**から判断してください。
「**I have just been to** the station.（ちょうど駅へ行ってきたところ）」のように、「just」で判断できる場合もあります。

③の「**have[has] been in**」の見分け方は、
「**for**」「**since**」が出てきたら「継続」、
「**before**」などが出てきたら「経験」というように判断します。

現在完了で副詞を置く位置について、まとめておきましょう。

再確認しよう！ 現在完了の中の副詞の位置

① **just, already, never** ⇒ **have[has]と過去分詞の間**
　例 have[has] **just[already, never]**＋過去分詞
② **ever（疑問文）** ⇒ **過去分詞の前**
　例 Have[Has]＋主語＋**ever**＋過去分詞?
③ **yet（否定文・疑問文）** ⇒ **文末**
　例 have[has] not＋過去分詞〜＋**yet**
　例 Have[Has]＋主語＋過去分詞〜＋**yet?**

現在完了

One Point Lesson 現在完了では使えない語句

現在完了は「現在のことを中心にした表現」なので、
明らかに過去の一時点を示す語句とはいっしょに使えません。

ここだけは押さえよう！ 現在完了では使えない語句

> **when**（いつ）　　　　**yesterday**（昨日）
> **～ago**（～前）　　　　**last～**（この前の～）
> **just now**（たった今）

○ **When did** you **buy** this book?
× When have you bought this book?　※「when」＋現在完了
　（あなたは**いつ**この本を買いましたか？）

○ He **has lived** in Tokyo **since last month**.
× He has lived in Tokyo last month.　※現在完了＋「last～」
　（彼は**先月から**東京に住んでいる）

疑問詞の「**when**」は「特定の日時（＝点）」を聞いているので、
「過去から現在まで（＝線）」を表す現在完了では使えません。
「**yesterday**」「**last～**」は「**since**」とともに使うようにしましょう。

Questions & Answers

Q1:(　　　)内の語を適する形にしてみましょう。

① I haven't (see) her for three years.
② The plane has just (arrive) at the airport.
③ He (come) home just now.
④ Bill has already (do) his homework.
⑤ I have (know) her for five years.
⑥ Tom has (go) to Canada.

Q2:(　　　)に適する語を入れ、日本文に合う英文を作りましょう。

① I(　　)(　　)the letter(　　).
（私はまだその手紙を書き終えていない）
② He(　　)(　　)busy(　　)yesterday.
（彼は昨日からずっと忙しい）
③ (　　)you(　　)climbed Mt. Fuji?
（あなたは富士山に登ったことがありますか？）
④ (　　)(　　)have you(　　)in Tokyo?
（あなたは東京にどのくらい長く住んでいるのですか？）
⑤ I(　　)(　　)to Australia(　　).
（私は2回オーストラリアへ行ったことがある）

現在完了　**213**

A1：

① **seen**（訳：私は彼女に3年間会っていない）（継続）

② **arrived**（訳：飛行機はちょうど空港に着いたところだ）（完了）

③ **came**（訳：彼はたった今帰宅したところだ）（過去形）

「just now（たった今）」は「過去時制」で使う。

④ **done**（訳：ビルはもう宿題を終えてしまった）（完了）

⑤ **known**（訳：私は彼女と5年来の知り合いだ）（継続）

「5年間彼女を知っている状態」が続いている。

⑥ **gone**（訳：トムはカナダへ行ってしまった）（結果）

今、トムはここにいない。

A2：

① I(**haven't**)(**written**)the letter(**yet**).（完了）

② He(**has**)(**been**)busy(**since**)yesterday.（継続）

③ (**Have**)you(**ever**)climbed Mt. Fuji?（経験）

「ever（今までに）」は日本語に訳さない場合が多い。

④ (**How**)(**long**)have you(**lived**)in Tokyo?（継続）

⑤ I (**have**)(**been**)to Australia (**twice**).（経験）

10時間目

名詞に意味を加える
関係代名詞＆分詞

「英語の達人」への第一歩！

　ここまでの長い道のり、お疲れさまでした。さあ！　あと一歩です。ここを終えれば、あなたは「英文を書く力」だけでなく、初歩的な「会話力」までも身についているはずです。
　英語の達人への第一歩を踏み出しましょう！

JUMP

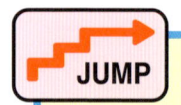

Key Sentence ㉙

I know a lady **who** likes red wine.
赤ワインが好きな女性を知っている。

関係代名詞の種類

Point 107 ● 関係代名詞の種類

先行詞	主格	所有格	目的格
人	who	whose	whom
物・動物	which	whose	which
人・物・動物	that	——	that

主 格 　先行詞（人）　　　＋who [that]＋動詞
　　　　　先行詞（物・動物）＋which [that]＋動詞

所有格 　先行詞（人・物・動物）＋whose＋名詞
　　　　　※「whose」の後には**冠詞や所有格のない名詞**が続く。

目的格 　先行詞（人）　　　＋whom [that]＋主語＋動詞
　　　　　先行詞（物・動物）＋which [that]＋主語＋動詞
　　　　　※目的格の whom, which, that はいずれも**省略**できる。

関係代名詞は、2つの文をくっつける**接着剤の働き**をする語です。
日本語では、**名詞を修飾する語句は前にくる**のがふつうですが、
英語では**修飾する語句が長くなると名詞の後にくる**傾向があります。

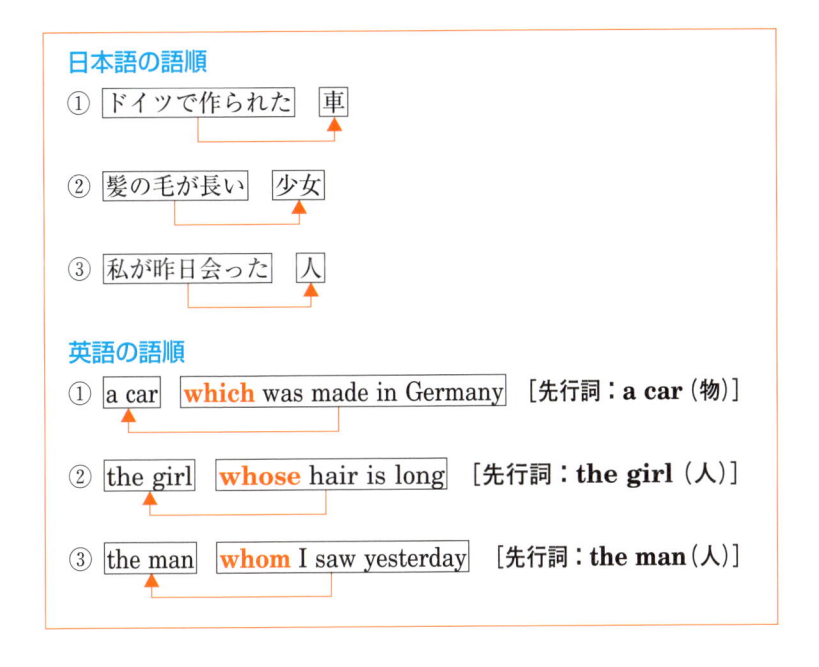

日本語の語順
① ドイツで作られた　車
② 髪の毛が長い　少女
③ 私が昨日会った　人

英語の語順
① a car　**which** was made in Germany　［先行詞：**a car**（物）］
② the girl　**whose** hair is long　［先行詞：**the girl**（人）］
③ the man　**whom** I saw yesterday　［先行詞：**the man**（人）］

関係代名詞には**格の変化**があり、**先行詞によって使い分け**ます。
先行詞とは、**関係代名詞の前**に置かれ、
関係代名詞以下の節によって修飾される名詞［代名詞］のことです。

関係代名詞＆分詞

JUMP

Key Sentence ⑳

This is the bus **which** goes to the park.
これは公園へ行くバスです。

主格の関係代名詞

Point 108 ● 主格の関係代名詞

> **主格**　先行詞（人）　　　　＋**who[that]**＋動詞
> 　　　　先行詞（物・動物）＋**which[that]**＋動詞

① The boy **who[that]** is playing tennis　is Bill.　※ □ は主語。
（テニスをしている少年はビルです）

② I have　a friend **who[that]** lives in Paris .　※ □ は have の目的語。
（私にはパリに住んでいる友人がいる）

③ The museum **which[that]** stands on the hill　is new.　※ □ は主語。
（丘の上にある博物館は新しい）

④ This is　a car **which[that]** was made in Germany .　※ □ は補語。
（これはドイツで作られた［ドイツ製の］車です）

①と④の例文を使って、関係代名詞の作り方を見てみましょう。

再確認しよう! 2つの文のつなぎ方（主格）

STEP1 2つの文の中の「同じ人」「同じ物」に下線を引く。
① The boy is Bill.＋He is playing tennis.　　[The boy=He]
④ This is a car.　＋It was made in Germany.　[a car=It]

STEP2 人称代名詞を同じ格の関係代名詞にかえる。
① The boy is Bill.＋who is playing tennis.　　[He=who]
④ This is a car.　＋which was made in Germany.　[It=which]

STEP3 2つの文の離れた下線を1つにつなげる。関係代名詞以下の部分は関係代名詞と離さずいっしょに移動する。
① The boy who is playing tennis is Bill.
④ This is a car which was made in Germany.

上記①の例で、先行詞が「Bill」ではなく「The boy」になるのは、特定の人を指す「**Bill（固有名詞）**」に対して、
「**The boy**」は漠然としているので**説明が必要**なのです。
先行詞で迷ったら、**より説明が必要なもの**を選びましょう。

> ×The boy is Bill who is playing tennis.
> （その少年はテニスをしているビルです）
> ※「テニスをしているビル」は日本語としてもおかしい。

10時間目

関係代名詞＆分詞　219

JUMP

Key Sentence ⓼①

I know a girl **whose** mother is a famous pianist.
母親が有名なピアニストの少女を知っている。

所有格の関係代名詞

Point 109 ● 所有格の関係代名詞

> **所有格** 先行詞（人・物・動物）＋**whose**＋名詞
> ※「whose」の後には冠詞や所有格のない名詞が続く。

① I have a son **whose name** is Tom . ※ ☐ は have の目的語。
（私にはトムという名前の息子がいる）

② Look at the hotel **whose roofs** are red . ※ ☐ は look at の目的語。
（その屋根が赤いホテルをごらんなさい）

再確認しよう！ 2つの文のつなぎ方（所有格）

STEP1 2つの文の中の「同じ人」「同じ物」に下線を引く。
① I have a son.＋His name is Tom.　　**[a son⇒His]**
② Look at the hotel.＋Its roofs are red.　**[the hotel⇒Its]**

STEP2 人称代名詞を同じ格の関係代名詞にかえる。
　　　　所有格の場合は先行詞が何であっても「**whose**」。
① I have a son.＋whose name is Tom.　　**[His=whose]**
② Look at the hotel.＋whose roofs are red.　**[Its=whose]**

STEP3 2つの文の離れた下線を1つにつなげる。関係代名詞
　　　　以下の部分は関係代名詞と離さずいっしょに移動する。
① I have a son whose name is Tom.
② Look at the hotel whose roofs are red.

10時間目

Column

▶サービス＝無料？

英語の「service」には、日本語の「サービス」のような「無料、値引き、おまけ」の意味はありません。ちなみに「アフターサービス（after service）」は和製英語で、英語では単に「service」といいます。

- Service is good at that hotel. （あのホテルは**サービス**がよい）
  [**客に対するサービス**]
- bus service （バスの便）[**交通の便**]
- water service （水道事業）[**公共事業**]

関係代名詞＆分詞　221

JUMP

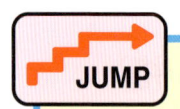

Key Sentence ㉒

The cake **which** she made was good.
彼女が作ったケーキはおいしかった。

目的格の関係代名詞

Point 110 ● 目的格の関係代名詞

> **目的格**　先行詞（人）　　　　＋whom[that]＋主語＋動詞
> 　　　　　先行詞（物・動物）＋which[that]＋主語＋動詞
> ※目的格の whom, which, that はいずれも**省略できる**。
>
> ① She is <u>a girl **whom[that]** I know very well</u>.　※ □ は補語。
> 　（彼女は私がとてもよく知っている少女です）
>
> ② This is <u>the book **which[that]** I bought yesterday</u>.　※ □ は補語。
> 　（これは私が昨日買った本です）

再確認しよう！ 2つの文のつなぎ方（目的格）

STEP1 2つの文の中の「同じ人」「同じ物」に下線を引く。
① She is <u>a girl</u>.　＋I know <u>her</u> very well.　**[a girl=her]**
② This is <u>the book</u>.＋I bought <u>it</u> yesterday.　**[the book=it]**

STEP2 人称代名詞を同じ格の関係代名詞にかえる。
① She is <u>a girl</u>.　＋I know <u>whom</u> very well.　**[her=whom]**
② This is <u>the book</u>.＋I bought <u>which</u> yesterday.**[it=which]**

STEP3 2つの文の離れた下線を1つにつなげる。目的格の場合は、関係代名詞が抜けた前後の語句をくっつけ、関係代名詞の直後へ移動する。
① She is <u>a girl whom</u> I know very well.
② This is <u>the book which</u> I bought yesterday.

①の例の「She」「a girl」「her」のように「同じ人」を意味する語が3つある場合、人称代名詞を2つ選んではいけません。
人称代名詞と名詞を含む文の**「名詞」を先行詞**として、
もう1つの文の「人称代名詞」を関係代名詞にしましょう。

×She whom I know very well is a girl.
（私がよく知っている彼女は少女です）

また、目的格の場合は、**STEP3** で目的格の人称代名詞（her, it）を残したままにしやすいので、注意しましょう。

関係代名詞＆分詞

JUMP

Key Sentence ❽❸

This is **the very** camera **that** I have wanted.
これはまさに私がほしかったカメラだ。

関係代名詞 that の特別用法

Point 111 ● that の特別用法

① 先行詞が「人＋物・動物」の場合

例 Look at the boy and his dog **that** are running.
（走っている**少年と犬**をごらんなさい）

② 先行詞に「形容詞の最上級」がつく場合

例 This is **the tallest** tower **that** I've ever seen.
（これは私が今までに見た中で**最も高い**塔だ）

③ 先行詞に以下のような語句がつく場合

the first（最初の）	**the last**（最後の）
all（すべての）	**the only**（ただ1つの）
the same（同じ）	**the very**（まさにその）

例 This is **the last** letter **that** I got from her.
（これは私が彼女からもらった**最後の**手紙だ）

例 He is **the only** person **that** I know in this town.
（彼はこの町で私が知っている**ただ1人の**人だ）

関係代名詞「**that**」は、**所有格（whose）を除いて**
主格と目的格のすべてに使うことができます。
とても便利な関係代名詞なので、口語ではよく使われます。

再確認しよう！ that の働き

① 主　格 （先行詞「人・物・動物」）：**who, which の代用**
② 目的格 （先行詞「人・物・動物」）：**whom, which の代用**
③ 特別用法 （**Point 111** 参照）
※この場合は「that」しか使えない。

なお、左の②③の例文の「**that**」はすべて**目的格なので省略できます。**

Column

▶「食用肉の名称」イロイロ

英語ではふつう、「**動物**」とその「**動物の肉**」を表す語がそれぞれ異なっています。以下の6つが主なものです。

- cow[ox/bull]（牛）　　　⇒ beef（牛肉）
- calf（子牛）　　　　　　⇒ veal（子牛の肉）
- pig[hog]（豚）　　　　　⇒ pork（豚肉）
- sheep（羊）　　　　　　⇒ mutton（羊の肉）
- lamb（子羊）　　　　　　⇒ lamb（子羊の肉）
- chicken[cock/hen]（ニワトリ）⇒ chicken（鶏肉）

関係代名詞＆分詞

JUMP

Key Sentence ⓼⓸

She likes men **who** are tall.
彼女は背の高い男性が好きだ。

関係代名詞の格の選び方

Point 112 ● 関係代名詞の格の選び方

STEP1 前の名詞（先行詞）を見る

① 人の場合 ⇒ 「who」「whose」「whom」のいずれか

② 物の場合 ⇒ 「which」「whose」のいずれか

STEP2 後に続く部分を見る

① 人の場合

「(助)動詞」が続く ⇒ who
「主語＋(助)動詞」が続く ⇒ whom
「the」「my」などのつかない名詞が続く
　　　　　　　　　　　　⇒ whose

② 物の場合

「(助)動詞」「主語＋(助)動詞」が続く ⇒ which
「the」「my」などのつかない名詞が続く
　　　　　　　　　　　　⇒ whose

関係代名詞の穴うめ問題を実際に解いてみましょう。

---

① I know a girl (　　) speaks English well.

（私は英語を上手に話す少女を知っている）

STEP1 (　　) の前の名詞は**人**（**a girl**）

$\Rightarrow$ **who, whose, whom**

STEP2 (　　) の後に**動詞**（**speaks**）が続く $\Rightarrow$ **who を選ぶ**

② I like the watch (　　) my father gave me.

（私は父からもらった時計が気に入っている）

STEP1 (　　) の前の名詞は**物**（**the watch**）

$\Rightarrow$ **which, whose**

STEP2 (　　) の後に**主語＋動詞**（**my father gave**）が続く

$\Rightarrow$ **which を選ぶ**

③ I have a friend (　　) name is Tom.

（私にはトムという名前の友人がいる）

STEP1 (　　) の前の名詞は**人**（**a friend**）

$\Rightarrow$ **who, whose, whom**

STEP2 (　　) の後に**頭に何もつかない名詞**（**name**）が続く

$\Rightarrow$ **whose を選ぶ**

以上のように、(　　) の前後に目玉を「2度」動かすだけで、どんな問題でもアッという間に解けてしまいます。

関係代名詞＆分詞

One Point Lesson 先行詞につける「a」と「the」の違い

関係代名詞以下の節に修飾される**先行詞が単数名詞の場合**、
「**a**」か「**the**」**をつける**必要がありますが、
その使い分け方を、次の例文を使って説明しましょう。

---

① Show me **the camera** which you bought yesterday.
　（あなたが昨日買ったカメラを私に見せてください）

② I have **a camera** which was made in Japan.
　（私は日本で作られた［日本製の］カメラを持っている）

③ I have **a friend** who lives in London.
　（私にはロンドンに住んでいる友人がいる）

---

①は、「**昨日買った例の**カメラ」のように
「**which**」**以下の節で限定**されるため、先行詞に「**the**」がつきます。
これに対して②と③は、
②「世界中にある日本製のカメラ**の中の1台**」を持っている、
③「何人かいる友人**の中の1人**」がロンドンに住んでいる、
というように、**特にあるものを限定しているわけではない**ので
「**a**」が使われています。

One Point Lesson — whose の書きかえ

「**whose**」を使った文は、「**who**」「**which**」や「**with**（前置詞）」で書きかえられる場合があります。

例 The girl **whose** hair is brown is my sister.
 = The girl **who** has brown hair is my sister.
 = The girl **with** brown hair is my sister.
 （髪の毛が茶色い少女は私の姉［妹］です）

例 Look at the hotel **whose** roofs are red.
 = Look at the hotel **which** has red roofs.
 = Look at the hotel **with** red roofs.
 （その屋根が赤いホテルをご覧なさい）

この「**with**」は「〜を持っている」「〜のある」という意味です。「**without**（〜なしで）」（166ページ参照）の逆のニュアンスだと覚えておきましょう。

関係代名詞＆分詞

JUMP

Key Sentence 85

The man **standing** there is my husband.
あそこに立っている男性は私の夫です。

分詞の種類と働き

Point 113 ● 分詞の種類と働き

現在分詞 動詞の原形＋ing：〜している

① 進行形：be 動詞＋現在分詞
- 例 The cat **is sleeping** on the sofa.
  (そのネコはソファーの上で**眠っている**)

② 形容詞と同じ働き（名詞を修飾する）
- 例 The cat **sleeping** on the sofa is my pet.
  (ソファーの上で**眠っている**ネコは私のペットです)

過去分詞 動詞の原形＋ed など：〜された

① 現在完了：have[has]＋過去分詞
- 例 I **have** just **written** a letter.
  (私はちょうど手紙を**書き終えたところ**だ)

② 受動態：be 動詞＋過去分詞
- 例 The book **was written** by him.（その本は彼に**書かれた**）

③ 形容詞と同じ働き（名詞を修飾する）
- 例 This is the book **written** by him.（これは彼に**書かれた**本だ）

分詞には「現在分詞」と「過去分詞」の2つがあります。

現在分詞は「現在・過去進行形」、

過去分詞は「現在完了」や「受動態」で使われるほか、

どちらも形容詞と同じ働きをして名詞を修飾します。

分詞が単独で使われる場合 ⇒ 前から名詞を修飾する

例 a **sleeping** baby（眠っている赤ちゃん）

例 a **stolen** bag（盗まれたカバン）

分詞の後に語句を伴う場合 ⇒ 後から名詞を修飾する

例 The girl (who is) **playing** the piano is Lucy.
（ピアノを弾いている少女はルーシーです）

例 This is the story (which was) **written** by Tom.
（これはトムによって書かれた物語です）

現在分詞と過去分詞が**後から**名詞を**修飾する場合**、

上の例文で（　）でくくっているように、

「関係代名詞＋be動詞」が省略された形と考えてみましょう。

分詞がよく理解できない場合、

必ず関係代名詞に戻って復習し直してください。

関係代名詞＆分詞

JUMP

Key Sentence 86

This is the true story **told** by him.
これは彼から聞いた実話です。

分詞の使い方

Point 114 ● 分詞の使い方

分詞が単独で使われる場合
⇒ 前から名詞を修飾する（分詞＋名詞）

現在分詞　a **flying** bird（飛んでいる鳥）

過去分詞　the **cooked** fish（料理された魚）

分詞の後に語句を伴う場合
⇒ 後から名詞を修飾する（名詞＋分詞＋語句）

現在分詞　a bird **flying** in the sky（空を飛んでいる鳥）

過去分詞　the fish **cooked** by her（彼女によって料理された魚）

形容詞と同じ働きをする分詞は、
名詞の前から修飾する場合と、後から修飾する場合に分かれます。

分詞が単独で使われる場合、
名詞の直前に置かれて前から名詞を修飾します。
形容詞と同じ語順（形容詞＋名詞）なのでわかりやすいですね。

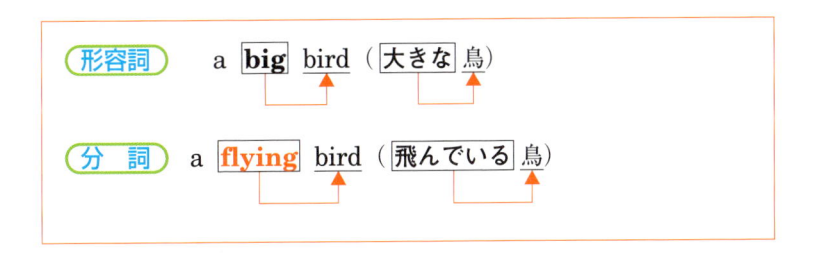

形容詞　　a **big** bird（**大きな** 鳥）

分　詞　　a **flying** bird（**飛んでいる** 鳥）

過去分詞は「～された」と受け身の意味で使われます。
しかし、場合によっては能動態の意味（～した）で訳すほうが
自然な日本語になる場合があります。
最初に「～された」と訳してみて、
何となくおかしければ「～した」と訳し直せばいいのです。

例　a **broken** watch
　　（**壊された**時計 ⇒ 壊れた時計）

例　a watch **broken** by him
　　（彼によって**壊された**時計 ⇒ 彼が壊した時計）

関係代名詞＆分詞

JUMP

Key Sentence 87

I met him at the **waiting** room.
私は**待合**室で彼に会った。

現在分詞と動名詞の違い

Point 115 ● 現在分詞と動名詞の違い

現在分詞＝形容詞：形容詞と同じ働きをして名詞を修飾する

① 前から名詞を修飾（現在分詞＋名詞）
- 例 Look at the **sleeping** baby.
  （**眠っている**赤ちゃんをご覧なさい）

② 後から名詞を修飾（名詞＋現在分詞＋語句）
- 例 Look at the baby **sleeping** on the sofa.
  （ソファーの上で**眠っている**赤ちゃんをご覧なさい）

動名詞＝名詞：名詞と同じ働きをする

① 主語になる
- 例 **Swimming** is easy.（**泳ぐことは**やさしい）

② 補語になる
- 例 My hobby is **taking** pictures.
  （私の趣味は写真を**撮ること**だ）

③ 目的語になる
- 例 I like **swimming**.（私は**泳ぐこと**を好む）

④ 前置詞の目的語になる
- 例 I am fond of **swimming**.（私は**泳ぐこと**を好む）

「現在分詞」と「動名詞」は、形は同じでも働きは異なります。
「**現在分詞＝形容詞**」「**動名詞＝名詞**」と押さえておきましょう。

動名詞は、4つの働き以外にも「**複合名詞（動名詞＋名詞）**」として使われます。「**現在分詞＋名詞**」と紛らわしいので注意しましょう。

Point 116 ● 複合名詞（動名詞＋名詞）

- **複合名詞** a **sleeping** car ⇒ a car for **sleeping**
  （寝台車）　　　　　（睡眠 のための 車両）
- **現在分詞** a **sleeping** baby ⇒ a baby who is **sleeping**
  （眠っている赤ちゃん）

- **複合名詞** a **swimming** pool ⇒ a pool for **swimming**
  （水泳プール）　　　　　（泳ぐ ための プール）
- **現在分詞** a **swimming** boy ⇒ a boy who is **swimming**
  （泳いでいる少年）

- **複合名詞** a **waiting** room ⇒ a room for **waiting**
  （待合室）　　　　　（待つ ための 部屋）
- **現在分詞** a **waiting** man ⇒ a man who is **waiting**
  （待っている人）

Key Sentence ❽❽

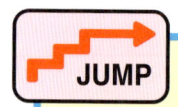

I know the girl **playing** the piano.
私はピアノを弾いている少女を知っている。

現在分詞と過去分詞の選び方

Point 117 ● 現在分詞と過去分詞の選び方

STEP1 後に次の3つの形が続くときは「過去分詞」を選ぶ。

① **by＋行為者**
- 例 the fish **cooked** by my mother
  （私の母によって料理された魚）

② **in＋言語名**
- 例 a letter **written** in Japanese
  （日本語で書かれた手紙）

③ **in＋国名**
- 例 a car **made** in Germany
  （ドイツで作られた［製の］車）

STEP2 前の名詞を主語にして「be動詞」を加える。
① 進行形の意味（〜している）になる場合
　　⇒「現在分詞」を選ぶ

② 受動態の意味（〜された［る］）になる場合
　　⇒「過去分詞」を選ぶ

分詞の選択問題を実際に解いてみましょう。

---

① I know the girl (playing, played) tennis.

STEP2 the girl **is playing** tennis

(その少女はテニスをしている)[**進行形**]

⇒「is」を消して「**playing**」を選ぶ

(私はテニスをしている少女を知っている)

② This is the story (writing, written) by Bill.

STEP1 「**by Bill**」がある⇒「written」を選ぶ

STEP2 the story **was written** by Bill

(その物語はビルによって**書かれた**)[**受動態**]

⇒「was」を消して「**written**」を選ぶ

(これはビルによって書かれた物語です)

---

②の問題では**STEP2**をやらなくても答えは出ますが、
確認のために**STEP2**をやるクセをつけておきましょう。

関係代名詞＆分詞

Questions & Answers

Q1：(　　) の中に関係代名詞を入れてみましょう。

> ① I know a girl (　　) speaks English well.
> ② That is the man (　　) I saw yesterday.
> ③ This is the biggest car (　　) I've ever seen.
> ④ The house (　　) door is yellow is famous.

Q2：関係代名詞を使って1つの文にしてみましょう。

> ① I have a sister.　　She is a nurse.
> ② I have a dog.　　It runs very fast.
> ③ This is a letter.　　I wrote it yesterday.
> ④ I have a friend.　　His father is a musician.

Q3：(　　) 内の語を適する形にしてみましょう。

> ① Who is that (dance) girl?
> ② What is that big star (shine) in the sky?
> ③ This is a picture (take) by my uncle.
> ④ The girl (talk) with Tom is Mary.

A1：

① **who**（訳：私は英語を上手に話す少女を知っている）

② **whom**（訳：あちらは私が昨日会った人です）

③ **that**（訳：これは私が今までに見た中で最も大きな車です）

④ **whose**（訳：そのドアが黄色い家は有名です）

A2：

① **I have a sister who is a nurse.**

（訳：私には看護師をしている姉［妹］がいる）

② **I have a dog which runs very fast.**

（訳：私はとても速く走る犬を飼っている）

③ **This is a letter which I wrote yesterday.**

（訳：これは私が昨日書いた手紙です）

④ **I have a friend whose father is a musician.**

（訳：私には父親が音楽家である友人がいる）

A3：

① **dancing**（訳：あの踊っている少女は誰ですか？）

② **shining**（訳：空で輝いているあの大きな星は何ですか？）

③ **taken**（訳：これは私のおじが撮った写真です）

私のおじによって撮られた写真 ⇒ 私のおじが撮った写真

④ **talking**（訳：トムと話している少女はメアリーです）

〔著者紹介〕

稲田 一（いなだ　はじめ）

1948年広島県生まれ。早稲田大学法学部卒業。

大手電機メーカーの人事・総務部勤務後、（専）通訳ガイド養成所を経て、翻訳・塾講師・家庭教師などの仕事に従事。受験界に身を転じてからは、「志望校の徹底分析に基づく効率的学習」を柱とする独自の学習法を確立。その理論に裏付けられた指導法により、多くの受験生を合格へと導く。

還暦を機に、海外各国を歴訪。今後も視野を一層広くするため、訪問国を増やしていく予定。

著書に、『カラー版 CD付 中学3年間の英語を10時間で復習する本』『カラー版 CD付 高校3年間の英語を10日間で復習する本』『カラー版 CD付 中学3年間の英語で身につける日常会話』『CD 2枚付 当てはめ式3秒英語で自分のことを話してみる』（以上、KADOKAWA 中経出版）、『早稲田大学完全マニュアル』（松柏社）などがある。

カラー版　中学3年間の英文法を10時間で復習する本（検印省略）

2010年11月3日　第1刷発行
2015年4月4日　第25刷発行

著　者	稲田　一（いなだ　はじめ）
発行者	川金　正法
発行所	株式会社KADOKAWA 〒102-8177　東京都千代田区富士見2-13-3 03-5216-8506（営業） http://www.kadokawa.co.jp
編　集	中経出版 〒102-0071　東京都千代田区富士見1-8-19 03-3262-2124（編集） http://www.chukei.co.jp

落丁・乱丁本はご面倒でも、下記KADOKAWA読者係にお送りください。
送料は小社負担でお取り替えいたします。
古書店で購入したものについては、お取り替えできません。
電話049-259-1100（9：00～17：00／土日、祝日、年末年始を除く）
〒354-0041　埼玉県入間郡三芳町藤久保550-1

DTP／フォレスト　印刷・製本／図書印刷

©2010 Hajime Inada, Printed in Japan.
ISBN978-4-04-600040-8　C2082

本書の無断複製（コピー、スキャン、デジタル化等）並びに無断複製物の譲渡及び配信は、著作権法上での例外を除き禁じられています。また、本書を代行業者等の第三者に依頼して複製する行為は、たとえ個人や家庭内での利用であっても一切認められておりません。